PARA ESCRIBIRTE MEJOR 3
(Ortografía y Redacción)

PARA ESCRIBIRTE MEJOR 3

(Ortografía y Redacción)

ANA MARÍA MAQUEO

LIMUSA
NORIEGA EDITORES
MÉXICO • España • Venezuela • Colombia

Maqueo, Ana María
    Para escribirte mejor 3 : Ortografía y
redacción / Ana María Maqueo Uriarte. –
México : Limusa, 2006.
320 p. : il. ; 17 cm.
ISBN: 968-18-5003-3.
Rústica.
1.Español - Estudio y enseñanza 2. Ortografía
3. Redacción

Dewey: 461 – dc21

La presentación y disposición en conjunto de

PARA ESCRIBIRTE MEJOR 3
Ortografía y redacción

son propiedad del editor. Ninguna parte de esta obra puede ser reproducida o transmitida, mediante ningún sistema o método, electrónico o mecánico (incluyendo el fotocopiado, la grabación o cualquier sistema de recuperación y almacenamiento de información), sin consentimiento por escrito del editor.

Derechos reservados:

© 2006, EDITORIAL LIMUSA, S.A. de C.V.
    GRUPO NORIEGA EDITORES
    Balderas 95, México, D.F.
    C.P. 06040
    ☎ 5130 0700
    📠 5512 2903
    ✉ limusa@noriega.com.mx
    🕸 www.noriega.com.mx

CANIEM Núm. 121

Hecho en México
ISBN 968-18-5003-3
17.1

Contenido

Lección 1	Usos de **B**	9
Lección 2	Transformar oraciones (nexos)	16
Lección 3	Verbos **B**	21
Lección 4	Formar "Bloques de ideas" (nexos)	30
Lección 5	Usos de **V**	37
Lección 6	Agregar información (nexos)	44
Lección 7	Verbos con **V**	49
Lección 8	Escribir bloques de ideas (nexos)	57
Lección 9	Signos de puntuación	60
Lección 10	Redactar bloques de ideas	66
Lección 11	Usos de **C** y **SC**	70
Lección 12	Agregar otras ideas y redactar recados (idea principal, ideas secundarias)	78
Lección 13	Verbos con **C**	84
Lección 14	"Desarmar" y "armar" párrafos	93
Lección 15	Usos de **S**	99
Lección 16	Redactar apuntes	103
Lección 17	Verbos con **S**, **SC** y **C**	107
Lección 18	Hacer resúmenes	113
Lección 19	Acentuación (repaso)	117
Lección 20	Escribir cartas	124
Lección 21	Verbos con **S**, **Z** y **C**	128
Lección 22	Redactar notas periodísticas	136
Lección 23	Usos de **Z**	138
Lección 24	Escribir otras notas periodísticas	142
Lección 25	Verbos con **Z** y **S**	144
Lección 26	Elaborar guiones de ideas	152
Lección 27	Acentuación y puntuación (repaso)	159
Lección 28	Escribir informes	163
Lección 29	Usos de **X** y **S**	167
Lección 30	Hacer reportes de lectura	172
Lección 31	Verbos y acentos	179
Lección 32	Redactar una monografía	187
Lección 33	Usos de **Y**	189
Lección 34	Escribir un ensayo	196

Lección 35	Usos de **LL**	201
Lección 36	La estructura del relato	210
Lección 37	Palabras con **H**	214
Lección 38	Los recursos de escritura	222
Lección 39	Verbos con **H**	226
Lección 40	Completar textos narrativos	231
Lección 41	Puntuación (repaso)	233
Lección 42	Cambiar el narrador	237
Lección 43	Usos de **G**	239
Lección 44	Escribir itinerarios y anécdotas	246
Lección 45	Verbos con **G**	248
Lección 46	Describir personas y lugares	255
Lección 47	Acentuación (repaso)	257
Lección 48	Narrar y describir	261
Lección 49	Usos de **J**	264
Lección 50	Escribir diálogos	274
Lección 51	Uso de paréntesis, puntos suspensivos y guión corto	278
Lección 52	Elaborar cuestionarios	285
Lección 53	Palabras juntas o separadas	289
Lección 54	Cambiar el género literario	296
Lección 55	Uso de diéresis, comillas y asterisco	299
Lección 56	Escribir un relato	304
Lección 57	Puntuación y acentuación (repaso)	306
Lección 58	Escribir un cuento	310
Lección 59	Palabras parónimas	312
Lección 60	Escribir otro cuento	316

Unas palabras para el maestro

Todos los maestros de Español reconocemos la enorme dimensión de lo que significa enseñar a nuestros alumnos a escribir bien. Es uno de nuestros grandes retos. Sabemos que el dominio de la escritura equivale a ser dueños de un instrumento invaluable para la expresión. Y también sabemos que ese instrumento es fundamental, puesto que es una de las bases para la organización del conocimiento y, finalmente, del pensamiento. ¿De qué sirve tener nuestra mente pletórica de conocimientos si no somos capaces de expresarlos? Al poder escribir bien, tendremos gran parte del camino recorrido para conducir, por buena senda, la expresión total de nuestro ser que está hecho de pensamientos, estados de ánimo y sentimientos.

Lo que ofrecemos aquí es un material para la práctica de la Ortografía y de la Redacción. Se compone de una serie de ejercicios que permitirán el dominio gradual de las dificultades de estas disciplinas. Existe un camino trazado, pero tenemos conciencia de que el maestro podría adaptarlo a las necesidades propias de cada grupo. La dimensión de las lecciones es variable, de acuerdo con la dificultad que ofrece cada tema; y la realización de cada una de ellas depende del ritmo particular que le imprima cada maestro. Decidimos alternar las lecciones de Ortografía y Redacción, pero esto también tendrá su final realización en las manos de usted, maestro.

La lectura, la expresión escrita y la expresión oral son las columnas que sostienen la Modernización Educativa. Por tal razón, creemos que este manual podrá ser un excelente auxiliar en el dominio de la segunda de esas bases. Vamos, pues, maestro, a desarrollar la expresión escrita de nuestros alumnos. El camino será la práctica constante y la ejercitación, puesto que a escribir se aprende escribiendo.

Lección 1

Usos de B

Vamos a practicar otros usos de **b**.

OBSERVA:

        cubierta   taberna   hebra
        tabaco   hebilla   cubeta

ATENCIÓN: **Todas las palabras que empiezan con cu, ta, he, se escriben con b.**

A   Organiza las palabras del cuadro en 3 columnas.

cubilete	cubismo	tablero	cubrir
hebilla	tabacalera	tabular	tableta
tabú	hebdomadario	hebra	cubil
hebroso	cubículo	taburete	deshebrar
Tabasco	cúbico	Heberto	tabla
cubo	hebreo	cubeta	cubiertos
tablajero	cubierta	Cuba	tabique

LECCIÓN 1

- Repite varias veces las palabras y úsalas en oraciones. Lee con atención.

1. Las **burbujas** de jabón son bonitas.
2. Nos **bonificaron** el importe completo.
3. No cabe duda, Jorge es un **buscapleitos**.
4. Cuando salió el **buzo**, todos nos quedamos maravillados.

Subraya las tres primeras letras de las palabras en negritas.

Ahora escríbelas: _____ , _____ , _____ y _____ .

ATENCIÓN: Todas las palabras que empiezan con **bur, bon, bus** y **buz** se escriben con b.

B Forma familias de palabras.

burócrata	buscapiés	bono
búsqueda	burocracia	buceo
burladero	bucear	burocrático
buzo	bondad	bonificar
bondadoso	burlesco	burlarse
bonificación	busca	bonachón

USOS DE B

- Escribe varias veces todas las palabras.

RECUERDA: La ortografía es cuestión de práctica.

C Con las sílabas del cuadro forma palabras anteponiéndoles **bur**, **bon**, **bus** y **buz**.

Fíjate en el ejemplo.

ón	gués	anza	ca	capleitos	ó
etería	ito	ócrata	il	dad	capiés
car	queda	la	o	ladero	ificar
dadoso	ificación	lesco	achón	buja	larse

buró

_____ _____ _____
_____ _____ _____
_____ _____ _____
_____ _____ _____
_____ _____ _____
_____ _____ _____
_____ _____ _____

- Escribe varias veces las palabras.

- Busca en tu diccionario otras palabras con **bur**, **bon**, **bus** y **buz** y escríbelas en tu cuaderno.

OBSERVA:

haba   habitar   hablar   haber
súbito   subjetivo   subir

LECCIÓN 1

Las sílabas en negritas son _____ y _____

ATENCIÓN: Después de las sílabas **ha** y **su** generalmente usamos **b**.
En el caso de **ha** las excepciones son palabras de uso poco frecuente. **Suversivo, suversión** y **suvenir** son las principales excepciones de **su**.

D Forma familias de palabras y escríbelas en los cuadros correspondientes.

Ejemplo:

habanero	habitual
habituar	haba
Habana	hábito

bituar		banero
bitual	Ha	bana
bito		ba

habitar	sublimado	hábil	subjetividad
habilidoso	habilidad	sublime	subsistir
hablante	subsidio	subsidiario	hablar
subjetivismo	habitación	hablantín	subjetivo
sublimar	habitable	hábilmente	hablador

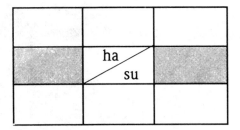

- Vuelve a escribir las palabras del ejercicio anterior. Usa tu cuaderno.

E Escribe el significado de las excepciones más frecuentes de **su**. Usa tu diccionario.

suversivo _____

suversión _____

suvenir _____

- Emplea las palabras en una oración.

OBSERVA:

albergue

alborada

Alberto

Buenos Aires

bueno

buenaventura

búho

buñuelo

búfalo

LECCIÓN 1

De las palabras anteriores, las letras en negritas son: _____,
_____ y _____ .

ATENCIÓN:
> Casi todas las palabras que empiezan con **al**, **bue** y **bu** se escriben con **b**.
> Hay excepciones:
>
> alveólo
> Álvaro   vulgar
> Álvarez   vulnerable   vuelco
>   vulcano   vuelta
>   vuelo
>   vuestro

F Completa con **alb, bue, bu, alv, vue** y **vu** de acuerdo con la regla anterior.

_____ a	_____ arez	_____ úmina
_____ naventura	_____ fón	_____ aro
_____ lo	_____ ino	_____ dismo
_____ eólo	_____ lco	_____ na
_____ que	_____ lnerable	_____ cear
_____ lgar	_____ nazo	_____ itre
_____ óndiga	_____ lta	_____ y
_____ fete	_____ um	_____ arrán
_____ orada	_____ cal	_____ no
_____ lla	_____ far	_____ lcanizar

G Escribe las palabras del ejercicio anterior separándolas según corresponda.

alb
_____
_____
_____
_____
_____
_____

bu
_____
_____
_____
_____
_____
_____

bue
_____
_____
_____
_____

vue
_____
_____

alv
_____
_____
_____

vu
_____
_____
_____

H Completa las oraciones con alguna palabra del ejercicio anterior.

1. Mi primo _____ conoce a una mujer que dice la _____.
2. Hay que llevar a _____ la llanta, porque si se revienta nos podemos dar un _____ en la carretera.
3. Este guisado te quedó muy _____, pero yo prefiero que hagas _____.
4. El hijo del abogado que trabaja en ese _____ es _____.
5. El _____ emprendió el _____ y se alejó de ese lugar.

LECCIÓN 2
Transformar oraciones (nexos)

Este tercer curso representa la culminación de las prácticas de redacción que realizaste en los manuales de primero y segundo años. Sin embargo, esto no significa que al concluir este curso hayamos agotado las posibilidades de ejercitación o que consideremos que un número determinado de lecciones cumple el propósito de un "recetario" para redactar toda clase de textos. No, por el contrario. Sentimos que los tres manuales son sólo el punto de partida para que a través de la ejercitación y la práctica de tu escritura alcances el momento en que ya no requieras de una guía para expresarte por escrito.

Vamos, pues, a trabajar con el entusiasmo de siempre en nuestros ejercicios de redacción.

OBSERVA:

Voy al cine.   Tengo calentura.

a) Voy al cine porque tengo calentura.
b) Voy al cine cuando tengo calentura.
c) Voy al cine si tengo calentura.
d) Voy al cine, por eso tengo calentura.

Ya notaste que arriba tenemos dos oraciones que expresan dos ideas muy sencillas, sin ninguna relación entre ellas. Sin embargo, cuando las unimos con un nexo, esas ideas se relacionan. Notamos también que según el nexo empleado, el significado puede variar: el nexo no sólo enlaza las oraciones, sino que además añade información.

> Los **nexos** son palabras que se emplean para enlazar y relacionar las ideas. Los nexos, además, agregan información, puesto que explican la clase de relaciones que hay entre las ideas enlazadas por ellos.

En el ejemplo a), el nexo **porque** enlaza las dos oraciones y expresa causa: "tener calentura" es la causa por la cual voy al cine. En el b), **cuando** enlaza las ideas y nos dice la ocasión en que voy al cine; en el c), el nexo **si** nos indica que tener calentura es la condición necesaria para ir al cine, y en el d), **por eso** expresa la razón por la cual voy al cine.

¿Queda clara la importancia de emplear los nexos adecuados?

A Relaciona las oraciones con un nexo.

EJEMPLO:

Necesitamos más material. Somos pocos alumnos.

Necesitamos más material aunque somos pocos alumnos.

1. Alquilamos una lancha. Queremos remar.

2. Cristina no tiene sueño. Se desveló en la fiesta.

3. Practicamos diariamente. Queremos aprender a escribir.

4. Rosa no pertenece al coro de la escuela. Canta muy bien.

5. Ángel mejoró su promedio en Historia. Presentó un buen trabajo.

6. Salimos tardísimo. Estaba muy oscuro.

7. Tengo ganas de ir al concierto. No voy a ir.

8. No tenemos tiempo ahorita. Sí tenemos interés en el asunto.

> Sabemos que hay nexos equivalentes. Se usan para enriquecer nuestros escritos y evitar las repeticiones.

B Cambia el nexo y el orden de las ideas según convenga.

EJEMPLO:

Los niños se enferman menos porque los vacunan periódicamente.

<u>Vacunan a los niños periódicamente, por eso se enferman menos.</u>

1. Elsa se cortó el pelo, por eso no la reconociste.

2. Hay inundaciones en esa zona porque se desbordó la presa.

3. Lisa quiere estudiar en México, por eso necesita hablar español.

4. Pronosticaron lluvia por la tarde, por eso trae su sombrilla.

5. Hubo mucha gente en el teatro porque dieron cortesías.

6. Pasan una pelea de box muy importante, por eso hay poca gente en la calle.

7. Jorge no participa mucho porque no se siente bien.

8. Andan diciendo que va a temblar, por eso todos tienen miedo.

TRANSFORMAR ORACIONES (NEXOS)

ATENCIÓN:

Quiero salir **aunque** haga mucho frío.
Aunque haga mucho frío, quiero salir.

Jorge no te dirá nada **si** lo amenazas.
Si amenazas a Jorge, no te dirá nada.

> El orden de las oraciones enlazadas con ciertos nexos puede variar. Recuerda que, por regla general, cuando se pone primero la oración con el nexo, se usa una coma para separarla de la segunda oración.

C Invierte el orden de las oraciones. Observa el uso de la coma.

1. Te invito a ver una película si vienes temprano.

2. Su tía se molesta mucho cuando llegan gritando.

3. Escondí la caja con los papeles donde habíamos quedado.

4. No te había contado la historia porque no estaba seguro.

5. No te vuelvo a hacer una broma ya que eres tan delicada.

6. Iríamos a protestar aunque hubiera problemas.

7. Salieron de ahí muy irritados puesto que nadie les hizo caso.

8. No te diré nada a menos que me escuches con toda calma.

D Agrega más información.

EJEMPLO: Los **apuntes** son de Biología.
          Los apuntes <u>que necesito</u> son de Biología.

1. La **sopa** es de calabaza.

2. Las **cajas** se perdieron en la mudanza.

3. La **computadora** no tiene ese programa.

4. Los **billetes** se parecen a los de 1992.

5. A Teresa se le rompió el **florero**.

6. La **señora** es mi vecina.

7. El **muchacho** es hijo del doctor.

8. No nos interesan los **chismes**.

9. Los **lápices** son de Carla.

10. El **vestido** le queda bien.

11. El **álbum** pertenece al equipo "C".

12. Me gustaron mucho las **flores**.

LECCIÓN 3

Verbos con B

Lee.

> Gabriela **canta** en el coro.
> Gabriela **cantaba** en el coro.
>
> El loro **chilla** muy fuerte.
> Antes, el loro no **chillaba** tan fuerte.

¿Puedes decir a qué tiempo verbal corresponden las formas verbales en negritas?

ATENCIÓN: Se escriben con **b** las terminaciones de todas las personas del copretérito de los verbos de la 1a. conjugación (ar).

A Completa. Fíjate en el ejemplo.

> Jorge baña al perro los domingos.
> Antes, Jorge bañaba al perro los domingos.

1. Leticia toma mucho café.
   _____

2. Juan camina un kilómetro todas las mañanas.
   _____

3. Marcela dibuja muy mal.
   _____

4. Luis sonsaca a los muchachos.
   _____

5. Miguel estudia la teoría de la relatividad.
   _____

6. Los muchachos ensayan la obra con mucho entusiasmo.

7. Laura compra regalos para todos.

8. Elena grita por cualquier cosa.

B Observa el cuadro y completa.

	saltar	gritar	despertar	jugar	estudiar
yo	saltaba				
tú		gritabas			
él			despertaba		
nosotros				jugábamos	
ellos					estudiaban

C Escribe el copretérito de los verbos de la izquierda en el lugar que corresponda. Todas las palabras empiezan con la última letra de la palabra anterior.

jugar (ellos)
nadar (él)
amar (ellos)
necesitar (tú)
saborear (tú)
sudar (yo)
abrochar (él)

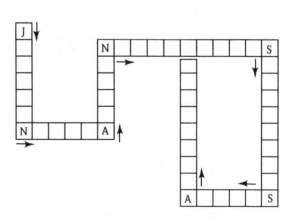

D Forma familias de palabras con los verbos que se dan. Escríbelos donde corresponda.

saludaba   peinábamos   esperabais   esperabas   achacaba
ahogaban   esperábamos   saludábamos   achacabas   saludabas
achacábamos   ahogaba   ahogabas   peinabas   achacaban
peinaban   achacabais   peinaba   ahogábamos   ahogabais
saludabais   saludaban   esperaba   peinabais   esperaban

saludar   achacar   esperar   peinar   ahogar

E Escribe la forma verbal que corresponda. Fíjate en el ejemplo.

perro	*ladraba*	(ladrar)
gato		(maullar)
pájaro		(cantar)
lobo		(aullar)
pollo		(piar)
burro		(rebuznar)
caballo		(relinchar)
rana		(croar)

LECCIÓN 3

Fíjate

yo	iba
tú	ibas
usted / él / ella	iba
nosotros	íbamos
vosotros	ibais
ellos	iban

Escribe el infinitivo del verbo

_____

¿En qué tiempo está conjugado?

_____

ATENCIÓN: **Todas las personas del copretérito del verbo ir se escriben con b.**

F Ahora, vamos a conjugar en el copretérito los siguientes verbos.

	apagar	lavar	comprar	escuchar
yo				
tú				
él				
nosotros				
ellos				

	aplanar	ir	sacar	estudiar
yo				
tú				
él				
nosotros				
ellos				

VERBOS CON B

	desayunar	bailar	manejar	pegar
yo				
tú				
él				
nosotros				
ellos				

Escribe los infinitivos.

_____ _____ _____

_____ _____ _____

_____ _____ _____

OBSERVA:

prohibir
subir
escribir   hervir • servir • vivir
exhibir

ATENCIÓN: Todos los verbos que terminan en **bir** se escriben con **b** en todas sus formas, derivados y compuestos. Excepciones: **hervir, servir, vivir** en todas su formas, derivados y compuestos.

G Vamos a formar palabras con las sílabas del cuadro. Fíjate en el ejemplo.

per	co	exhibir
pro hi		
des	ce	
bir es		
ex re	con	
su		
cri	sus	
ci		

H Escribe el gerundio de los siguientes verbos. Recuerda que terminan en **-ando** o **-iendo**.

subir	_____	cohibir	_____
vivir	_____	escribir	_____
concebir	_____	sucumbir	_____
servir	_____	convivir	_____
hervir	_____	hervir	_____
suscribir	_____	percibir	_____

OBSERVA:

Presente Indicativo	Presente Subjuntivo
escribo	escriba
escribes	escribas
escribe	escriba
escribimos	escribamos
escribís	escribáis
escriben	escriban

VERBOS CON B

I   Cambia las oraciones como en el ejemplo.

Jorge recibe el premio.

Todos quieren que Jorge reciba el premio.

1. Hace mucho que Pedro no percibe ingresos.
   La esposa de Pedro espera que _____ ingresos pronto.

2. No han servido la cena en la boda.
   Es necesario que _____ pronto, porque todos tenemos hambre.

3. Está prohibido fumar en lugares públicos.
   Los fumadores no desean que lo _____.

4. Las verduras están sin hervir.
   Marcela quiere que _____ para preparar la ensalada.

5. Durante el festival convivirán los alumnos.
   Es de esperarse que los alumnos _____.

6. El noticiero informó que sobrevivieron varias personas.
   No creo que _____ a un accidente de tal magnitud.

7. Concebir un hijo después de los 40 años es peligroso.
   No es probable que una mujer _____ un hijo con ese riesgo.

8. Los alumnos podrán suscribirse a la revista escolar hasta fin de mes.
   Ojalá que todos se _____ y apoyen al consejo estudiantil.

• Vuelve a escribir las oraciones en tu cuaderno.

Lee con atención.

> beber
> haber
> saber
> deber
>
> ver
> atrever
> precaver
> prever

ATENCIÓN: La mayoría de los verbos que terminan en **aber** y **eber** se escriben con b. Hay excepciones importantes.

J Completa con el futuro de indicativo, el pospretérito de indicativo o el pretérito de subjuntivo, según corresponda.

Fíjate en el ejemplo.

Yo no <u>me atrevería</u> a llamarte a esta hora si no fuera tan urgente.
       (atreverse)

1. Si _____ más agua seríamos más sanos.
   (beber)

2. Mañana partirá y ya no _____ de él.
   (saber)

3. Para conseguir el permiso, _____ cumplir con mis tareas.
   (deber)

4. "Por si _____", es el nombre de una canción.
   (volver)

5. José se acercó para que lo _____ mejor.
   (ver)

6. Mañana yo sí _____ a cruzar el río.
                 (atreverse)

7. Si _____ los resultados, te evitarías problemas.
        (prever)

8. Si estudiaras más ya no _____ ninguna materia.
                                            (deber)

9. Ruth _____ mejor si usara los lentes como le recomendó el doctor.
            (ver)

10. Los aztecas creyeron que Quetzalcoátl _____ para guiarlos.
                                                                            (volver)

11. Toño _____ el accidente, pero no pudo evitarlo.
                (prever)

12. Avisaron que _____ varias manifestaciones en la tarde.
                         (haber)

13. Para fin de año ya _____ el resultado de las elecciones.
                             (saber)

14. Leticia y Ana _____ a ir al baile si tuvieran pareja.
                       (atreverse)

- Copia varias veces las oraciones anteriores en tu cuaderno.

LECCIÓN 4

Formar "bloques de ideas" (nexos)

Cuando hablamos y cuando escribimos lo que hacemos es expresar nuestras ideas o pensamientos. Estas ideas se relacionan unas con otras y forman el discurso oral o escrito.

No exponemos nuestras ideas una detrás de otra, desvinculadas entre sí; lo hacemos relacionándolas entre ellas y uniéndolas por medio de **nexos**.

Nunca decimos algo como, por ejemplo:

I Enrique está de mal humor. Enrique es mi hermano menor. A Enrique le aprietan los zapatos. Los zapatos se los compró mi mamá. Mi mamá se negó a llevarlo a la zapatería. Enrique es muy latoso. Los zapatos le quedaron un poco chicos. Enrique se queja. Mi mamá no le cree.

Enlazamos debidamente todas las ideas anteriores, y producimos algo como:

II Enrique, mi hermano menor, está de muy mal humor porque le aprietan los zapatos que le compró mi mamá. Ella se negó a llevarlo a la zapatería, porque es muy latoso; por eso los zapatos le quedaron un poco chicos y, aunque Enrique se queja, mi mamá no le cree.

Analizaremos con cuidado los ejemplos que, aunque sencillos, nos van a ayudar a comprender la gran importancia de emplear bien los nexos.

En el I tenemos nueve ideas, manifestadas en nueve oraciones que terminan con punto. En el II reducimos esas 9 ideas a 2 "bloques de ideas". El primero contiene 4 ideas y el segundo, 5.

Vamos a revisar los nexos uno por uno para familiarizarnos con ellos cada vez más. Con el fin de que el ejemplo sea muy claro, enumeramos las ideas.

FORMAR "BLOQUES DE IDEAS" (NEXOS)

1. Enrique está de mal humor.

2. Enrique es mi hermano menor.

3. A Enrique le aprietan los zapatos.

4. Los zapatos se los compró mi mamá.

5. Mi mamá se negó a llevarlo a la zapatería.

6. Enrique es muy latoso.

7. Los zapatos le quedaron un poco chicos.

8. Enrique se queja.

9. Mi mamá no le cree.

Al leer las cuatro primeras ideas nos damos cuenta de que la 2 sirve para explicar quién es Enrique, la 3 expresa la causa de su mal humor y la 4, nos dice algo sobre los zapatos. Vemos, entonces, que forman un solo "bloque de ideas", que queda así:

Enrique, (que es) mi hermano menor, está de muy mal humor porque le aprietan los zapatos que le compró mi mamá.

Observa que hicimos varias omisiones, evitamos la repetición de las palabras "Enrique" y "zapatos" porque ya con los nexos resultan innecesarias. También eliminamos "que es", por la misma razón y por cuestiones de estilo.

A Trabaja tú el segundo "bloque de ideas", tal y como acabamos de hacerlo con el primero. Mientras lo haces, trata de reflexionar sobre la importancia de los nexos.

B Agrega dos ideas más para formar un bloque de ideas. Pon especial cuidado en el empleo de los signos de puntuación.

1. Hace un mes vi a Ernesto.

2. Mi hermano maneja despacio.

3. La comida mexicana es muy sabrosa.

4. Algunos bancos abren los sábados.

5. Mario me invitó al teatro.

6. Hicimos cita con el dentista.

7. Tenemos mucho frío.

8. Margarita está muy enojada.

FORMAR "BLOQUES DE IDEAS" (NEXOS)

C Agrega dos ideas más.

EJEMPLO:

No creo terminar antes de las ocho, porque tengo varias cosas pendientes, aunque haré todo lo posible.

1. Presentaré examen aunque

2. Debes ser más paciente ya que

3. Pensábamos pasar por ti a las diez de la mañana pero

4. Asómense a la ventana y

5. Escribió con letra de molde aunque

6. No bajaron por las escaleras porque

7. Ojalá regreses temprano porque

8. El grupo "B" ganó el concurso de Ortografía aunque

9. Te habría avisado si

10. El equipo de futbol jugó bien pero

11. Van a hacer una gran fiesta cuando

12. No tienen suficiente dinero, por eso

LECCIÓN 4

D Nos explicamos mejor añadiendo información sobre la palabra subrayada. Fíjate que a veces tenemos que hacer pequeños cambios.

EJEMPLO:

No puedo perder tiempo ahora.
No puedo perder un tiempo que es tan valioso ahora.

> Recuerda que el nexo **que** se emplea para personas o cosas.

1. Esa compañera es la que va a traer el pastel para la reunión.

2. Esa compañera es la que va a traer el pastel para la reunión.

3. Los jugadores se presentaron tarde en el campo.

4. Los jugadores se presentaron tarde en el campo.

5. Nuestro equipo presentará su trabajo en público el lunes.

6. Nuestro equipo presentará su trabajo en público el lunes.

7. Esa mañana no fue muy agradable para todos.

8. Esa mañana no fue muy agradable para todos.

FORMAR "BLOQUES DE IDEAS" (NEXOS)

E Agrega otras ideas. Usa **quien** o **quienes** precedidos de preposición para enlazar la primera idea, y **que**, para la segunda.

EJEMPLO:

> Les entregaron los diplomas a los alumnos.
> <u>Los alumnos a **quienes** les entregaron los diplomas fueron los ganadores del concurso de oratoria que se organizó en esta ciudad.</u>

> Quien y quienes son nexos que se emplean únicamente con personas. Frecuentemente van precedidos de una preposición.

1. Me contaron un chisme sobre esa persona.
_____
_____

2. Trajeron un paquete para la maestra.
_____
_____

3. Todo el tiempo estuvieron hablando de ese muchacho.
_____
_____

4. Marcela vino con una niña que nadie conoce.
_____
_____

5. Todos confiamos en esa psicóloga.
_____
_____

6. Anduvieron por todas partes preguntando por ese empleado.
_____
_____

F Forma una pregunta y agrega más información.

EJEMPLO:

> Los libros son **de Eugenia**.
> ¿**De quién** son los libros **que** están en el escritorio?

1. Se van **en camión**.

2. Lo encontramos **en el sótano**.

3. Irán a visitarnos **muy pronto**.

4. Esa casa es **de la enfermera**.

5. Estamos haciendo **la tarea**.

6. Busca al gato **en la cocina**.

7. Regresan **a las nueve**.

8. Lo arreglaron **con la herramienta**.

LECCIÓN 5

Usos de V

Vamos a estudiar otros usos de **v**.

Lee con atención.

> El **vice**rrector habló con mucha cautela.
>
> Ayer fueron las elecciones para elegir al **vice**presidente.
>
> En la ciudad de **Villa**hermosa hace mucho calor.
>
> La señora **Villa**lba es muy amable.
>
> **Vice**nte es un chavo a todo dar.
>
> Los **villa**ncicos son típicos de Navidad.

¿Puedes completar para formar la regla?

_____ y _____ se escriben con _____ cuando van al principio de la palabra. Excepto **billar** y sus derivados.

RECUERDA: Los derivados y compuestos conservan la ortografía original.

A Forma palabras anteponiendo **vice** o **villa**. Organízalas en las columnas.

nte	almirante
no	versa
hermosa	ncico
nueva	cónsul
lpando	presidente
tesorero	nía

_____   _____
_____   _____
_____   _____
_____   _____
_____   _____
_____   _____

- Repite varias veces las palabras.

RECUERDA: La ortografía es cuestión de práctica.

OBSERVA:

herbí**voro**   carní**vora**

ATENCIÓN: Las terminaciones **voro** y **vora**, que significan "que se alimenta de", se escriben con **v**.

B Con las sílabas de la ruleta forma las palabras que correspondan a las definiciones de la derecha.

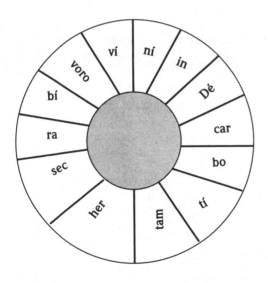

- Que se alimenta de vegetales.

- Nombre de mujer.

- El que se alimenta de carne o de otros animales.

- Reptil ofidio, de cabeza triangular que inyecta veneno cuando muerde.

- Instrumento musical de percusión.

- Que se alimenta de insectos.

Escribe las palabras que encontraste.

_____ _____ _____
_____ _____ _____

C Coloca las palabras del ejercicio anterior en el cuadro.

• Practica las palabras en tu cuaderno.

FÍJATE:

        Elvira   revira

ATENCIÓN: La terminación **vira** se escribe con **v**.

D Encuentra otras palabras terminadas en **voro, vora, boro, bora** y **vira** y escríbelas con su significado. Usa una hoja de bloc e intercámbialas con un compañero.

RECUERDA: La ortografía también es cuestión de práctica.

Lee con atención.

Sufre un **acerbo** dolor.

Las culturas indígenas son parte muy valiosa de nuestro **acervo** cultural.

El **barón** se llama José.

Tiene dos hijos, una niña y un **varón**.

¿Notaste que las palabras en negritas que acabas de leer suenan igual pero se escriben diferente?

ATENCIÓN: Las palabras que se pronuncian igual pero que tienen diferente ortografía y significado se llaman **homófonas**.

E Relaciona las palabras con su significado. Cuando se trate de una forma verbal, la encontrarás señalada así (vb) y solamente tendrás que relacionarla con el infinitivo correspondiente. Usa el diccionario.

1. basar ( ) Tener.

2. bazar ( ) Sin pulimento, grosero, tosco.

3. tubo ( ) Segunda letra del alfabeto griego.

4. tuvo (vb) ( ) Cavar.

5. botar ( ) Asentar sobre una base.

6. votar ( ) Hervir.

7. hierba ( ) Mujer que posee sabiduría.

8. hierva (vb) ( ) Establecimiento donde se venden y compran diversos artículos decorativos.

USOS DE V

9. grabar   ( ) Pieza de metal hueca, cilíndrica, abierta por ambos extremos.

10. gravar   ( ) Arrojar o echar fuera con violencia.

11. bello   ( ) Cualquier planta pequeña que generalmente brota y muere en el mismo año.

12. vello   ( ) ( ) Ir.

13. bacilo   ( ) Hacer un voto, o dar uno su voto.

14. vacilo (vb)   ( ) Extremo de las cosas. Individuo de tropa superior al soldado.

15. basto   ( ) Convenir.

16. vasto   ( ) Orilla del río o del mar.

17. baya   ( ) Que adivina el porvenir o las cosas ocultas.

18. vaya (vb)   ( ) Imponer sobre alguna cosa una carga, contribución o cualquier clase de pago.

19. sabia

20. savia   ( ) Pelo corto y suave que nace en algunas partes del cuerpo humano.

21. rebelarse   ( ) Líquido que circula en las plantas para su nutrición.

22. revelar   ( ) Vacilar.

23. beta   ( ) Negarse a obedecer a la autoridad.

24. veta   ( ) Riqueza, caudal.

25. bienes   ( ) Dilatado. Muy extenso.

LECCIÓN 5

26. vienes (vb)   (   ) Silbar.

27. cabo   (   ) Que posee hermosura.

28. cavo (vb)   (   ) Poeta. Adivino.

29. bidente   (   ) Venir.

30. vidente   (   ) Franja de una materia que se halla intercalada dentro de una masa.

31. silba (vb)   (   ) Que tiene dos dientes.

32. silva   (   ) Fruto carnoso con muchas semillas envueltas en la pulpa, como la uva y el melón.

33. combino (vb)   (   ) Dibujar con buril o cincel sobre una plancha de metal o talla de madera.

34. convino (vb)   (   ) Apellido.

35. bario   (   ) Batir.

36. vario   (   ) Diverso o diferente.

37. bate (vb)   (   ) Combinar.

38. vate   (   ) Bacteria.

39. bah   (   ) Descubrir la verdad. Decir un secreto.

40. va (vb)   (   ) Estrofa de versos de once y siete sílabas.

41. ribera   (   ) Interjección que expresa incredulidad, desprecio o que no se da importancia a lo que se oye.

42. Rivera   (   ) Metal alcalinotérreo, n° atómico 56.

F Completa con la palabra adecuada según su significado. Fíjate en el ejemplo.

(Rivera-ribera) La excursión a la <u>ribera</u> de San Juan estuvo de lo mejor.

1. (rebelar-revelar) A pesar de todo, me parece que Manuel actuó con valentía en el momento de _____ la verdad.

2. (vienes-bienes) Los _____ que dejaron sus abuelas son cuantiosos.

3. (basar-bazar) Los manteles los compramos en un _____ _____ que está en Coyoacán.

4. (hierba-hierva) Para evitar infecciones intestinales, es recomendable que el agua _____ 25 minutos.

5. (tubo-tuvo) A Raúl se le rompió el _____ de la regadera y lo _____ que cambiar de inmediato.

6. (beta-veta) La madera de la mesa que vimos ayer, tiene una _____ de un tono precioso.

7. (vario-bario) En el laboratorio de química a mi equipo le tocó investigar sobre el _____ .

8. (botar-votar) Para poder _____ hay que tener la credencial con fotografía.

Agregar información (nexos)

A Añade otra idea. Usa **como**, **cuando** o **donde**.

EJEMPLOS:

Hice los ejercicios.
Hice los ejercicios **como** lo indica el libro en la página 19.

Encontré la carta.
Encontré la carta en **donde** me dijiste que la habías puesto.

No regresaron.
No regresaron **cuando** habían dicho sino más tarde.

> Los nexos **como**, **cuando** y **donde** enlazan dos ideas y expresan modo, tiempo y lugar, respectivamente. Observa que **donde** puede ir precedido de una preposición: en donde, para donde, por donde, etc.

1. Ayer me peiné.

2. Localizaron al doctor.

3. Lavamos las alfombras.

4. Instalamos el aparato.

5. Buscamos el tesoro.

6. Dijo unas palabras.

7. Tenemos que ir.

8. Resuelvan el examen.

OBSERVA LOS PARES DE ORACIONES.

¿Por **quién** preguntan?	Lo digo para **quien** esté interesado.
¿**Qué** trajiste de León?	Traje lo **que** me pediste.
¿A **quiénes** les preguntaron?	**Quienes** lo sepan, deben decirlo.
¿**Cómo** te llamas?	Lo hice **como** me indicaron.
¡**Cómo**! ¿**Dónde** está?	Búscalo **donde** puedas.
¿**Cuándo** regresaron?	Avísenme **cuando** regresen.
¡**Qué**! Eso no es posible.	Es un milagro **que** estés bien.

¿Puedes decir qué notas en las palabras que están en negritas?

Las palabras **que, quien, quienes, como, cuando, donde** pueden o no llevar acento, de acuerdo con su función dentro de la oración.
• Llevan acento cuando son exclamativas o interrogativas.
La interrogación puede ser:

- directa: ¿qué dice?
  ¿cuánto cuesta?
  ¿dónde vive?

- indirecta: Me preguntó qué decía.
  Quiero saber cuánto cuesta.
  No sabemos dónde vive.

• No llevan acento cuando funcionan solamente como nexos.

  La casa que viste es grande.
  Lo dejamos donde nos indicaste.
  Lo hizo como pudo.
  Ahí viene la niña de quien te hablé.

B Coloca el acento en las palabras que deban llevarlo. Escribe nuevamente las oraciones en tu cuaderno.

1. Me preguntó que cuando podía verlo.
2. No tengo manera de saber como lo hizo, solo se que lo logró.
3. No se ni de que ni de quien me estás hablando.
4. Los empleados con quienes nos informamos eran bastante desagradables.
5. Cuando supe lo que pasaba me acerqué a preguntarle como se sentía, pero el no me contestó.
6. ¿Desde donde vienen esos peregrinos que se ven tan fatigados?
7. Pregúntale que le pareció la función y como evaluaría el trabajo de los actores.
8. ¡Que lástima! Tan bonito que estaba quedando.
9. Consulta con tu profesor como llevar a cabo el trabajo y cuando debes entregarlo.
10. ¿Usted sabe donde queda esa calle?

Recuerda que los acentos que acabamos de ver se llaman acentos diacríticos. Repasa el tema en un manual de ortografía.

C Forma bloques de ideas.

EJEMPLO:
En el hospital hay una enfermera muy guapa.
En ese hospital estuvo Ricardo.
La enfermera se llama Tere.

En el hospital **donde** estuvo Ricardo hay una enfermera muy guapa **que** se llama Tere.

AGREGAR INFORMACIÓN (NEXOS)

1. Quiero conocer el lugar.
   En el lugar estuvo escondido un famoso bandido.
   El bandido ayudaba a los pobres.
   El bandido les robaba a los ricos.

2. Esa noche se fue la luz en toda la colonia.
   Esa noche hubo una tormenta.
   Se produjo un corto en el transformador del poste.
   El poste está en la avenida Zamora.

3. La chava no me pudo contestar.
   Yo le pregunté la dirección a esa chava.
   Esa chava no hablaba español.
   Esa chava es francesa.

4. Están buscando al muchacho.
   El muchacho fue testigo del accidente.
   No tienen esperanzas de encontrarlo.
   Ha pasado demasiado tiempo.

5. Quiero escribirle una carta.
   En ella debe quedar claro eso.
   Yo pienso eso al respecto.
   Estoy muy irritado y molesto con todo lo sucedido.

6. Necesitamos hacer el trabajo.
   El maestro indicó cómo hacer el trabajo.
   Él tiene más experiencia que nosotros.
   Él conoce bien este procedimiento.

D Corrige las oraciones. Fíjate que tienen un error de concordancia.

EJEMPLO:
La **serie** de ejercicios de álgebra y cálculo **estuvieron** muy **difíciles**.

La serie de ejercicios de álgebra y cálculo **estuvo** muy difícil.

1. Todo el personal, administrativo y docente, estuvieron de acuerdo.

2. El conjunto, vocalistas e instrumentistas, fueron al festival.

3. La mayoría de las personas prefieren la ropa de algodón.

4. La tropa, cansados y sudorosos, se dirigieron al río.

5. El equipo, directivos y jugadores, comieron en Querétaro.

E En la oficina del Registro Civil de un pueblo hay este cartel:

> Cualquier queja, maltrato o cobro no estipulados en la Ley de Hacienda Municipal favor de reportar al teléfono 4 51 20 y 4 29 84.
>
> Dirección General

- ¿Puedes explicar qué dice el anuncio tal y como está redactado?

- Redáctalo correctamente.

LECCIÓN 7

Verbos con V

Lee con atención.

Tuvimos que comprar los salvavidas para los niños.

No sabía que **estuviera** fuera de la ciudad.

Anduvieron más de cuatro kilómetros.

Los infinitivos de las formas verbales en negritas son:
_____ , _____ y _____

OBSERVA:

> tuvimos
> anduvieron ⟶ Pretérito de indicativo
>
> estuviera ⟶ Pretérito de subjuntivo

ATENCIÓN: **Todas las formas del pretérito de indicativo y subjuntivo de los verbos tener, andar y estar se escriben con v.**

Vamos a trabajar el pretérito de indicativo y de subjuntivo.

A Observa el cuadro y completa. Debes tomar en cuenta la persona y el tiempo y modo. Fíjate en el ejemplo.

		tener	andar	estar
yo	PI	tuve		
ellos	PI			
tú	PS			
nosotros	PI			
él	PS			
ellos	PS		anduvieron	
nosotros	PI			
él	PS			
vosotros	PI			
tú	PS			estuvieras
ellos	PS			
yo	PS			

ATENCIÓN: El pretérito de subjuntivo tiene **dos formas** y ambas **se escriben con v.**

OBSERVA:

tuviera o **tuviese**
anduviera o **anduviese**
estuviera o **estuviese**

VERBOS CON V

B Escribe en el cuadro la segunda forma del pretérito de subjuntivo. Fíjate en el ejemplo.

	tener	andar	estar
yo	tuviese	anduviese	estuviese
tú			
él			
nosotros			
vosotros			
ellos			

Lee con atención y escribe dos veces.

detuve
retuvieron
contuvo
abstuvo
sostuvimos
obtuviera

Escribe los infinitivos correspondientes.

Todos estos verbos son formas compuestas del verbo _____

ATENCIÓN: Las formas compuestas del verbo **tener** también se escriben con **v** en el pretérito de indicativo y de subjuntivo.

LECCIÓN 7

C Completa con el verbo que se da en el tiempo que corresponda.

1. El director les pidió que se _____ de dar su opinión.
   (abstener)

2. Anoche, de regreso nos _____ a comer.
   (detener)

3. El viernes pasado los _____ más de cuatro horas.
   (retener)

4. Todos deseaban que Laura _____ su postura.
   (sostener)

5. Todos _____ excelentes calificaciones en español el
   (obtener)
   mes pasado.

6. Fue necesario que los muchachos _____ para evitar
   (contenerse)
   la violencia.

Lee con atención.

Voy a salir.

Vamos al cine.

Necesito que **vayas** al banco.

Quiero que **vayamos** a la fiesta.

Ve a la casa.

Las formas en negritas corresponden al verbo _____.

VERBOS CON V

ATENCIÓN: El presente de indicativo y de subjuntivo del verbo **ir** se escribe con **v**. También se escribe con **v** la forma **ve** del imperativo.

D Escribe la forma del presente de indicativo o de subjuntivo que se pide. Fíjate en el ejemplo.

yo	P. subjuntivo
él	P. subjuntivo
tú	P. indicativo
nosotros	P. subjuntivo
ellos	P. subjuntivo
él	P. Indicativo
tú	P. indicativo
tú	P. subjuntivo
nosotros	P. subjuntivo
yo	P. subjuntivo
tú	P. indicativo
ellos	P. indicativo
vosotros	P. indicativo
nosotros	P. indicativo
él	P. indicativo
ellos	P. subjuntivo
nosotros	P. indicativo

V O Y

Lee con atención.

nevando
llueva
conservábamos
volvían

Escribe los infinitivos correspondientes.

ATENCIÓN: La mayoría de los verbos terminados en **evar, ervar, over** y **olver** se escriben con **v**.

E Ordena los verbos del cuadro y escríbelos en la columna que les corresponda.

conmoviera	resolviste	conmovieras	conmuevan
resolviera	moverás	resolvió	resolvamos
llevamos	llevemos	conmoviéramos	movieran
moveré	moveremos	lleve	conmuevan
resolví	conmovieron	moverá	llevarán

Pretérito indicativo   Futuro indicativo   Presente subjuntivo   Pretérito subjuntivo

_____   _____   _____   _____
_____   _____   _____   _____
_____   _____   _____   _____
_____   _____   _____   _____
_____   _____   _____   _____

F Conjuga los siguientes verbos en el presente de indicativo. Hazlo como en el ejemplo.

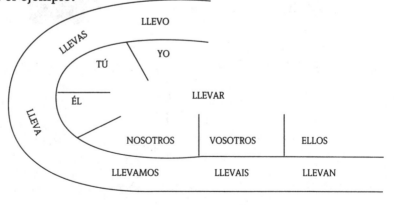

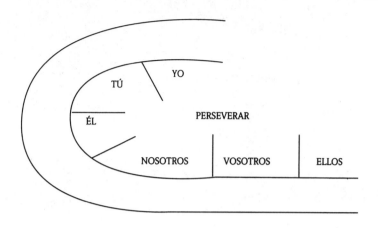

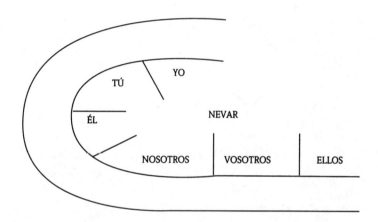

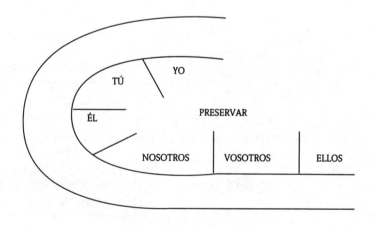

LECCIÓN 7

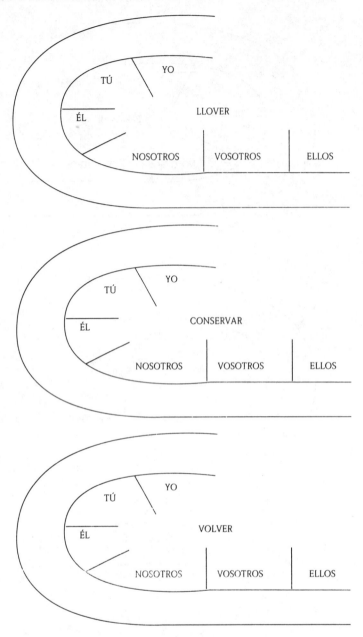

- Practica varias veces los verbos. Usa tu cuaderno.

RECUERDA: La ortografía también se aprende practicando.

Escribir bloques de ideas (nexos)

A Forma una oración.

Ejemplo: El camión se descompuso.
El camión es foráneo.
Carlos y Matilde iban en el camión.

Carlos y Matilde iban en el camión foráneo que se descompuso.

1. La canción me gusta mucho.
   La canción es de Peter Gabriel.
   Oí la canción ayer.

2. La maqueta quedó terminada el lunes.
   La maqueta es de Geografía.
   El 1o. C hizo la maqueta.

3. El árbol es de Navidad.
   El árbol tiene muchos adornos.
   El árbol es de José Esteban.

4. El reloj es de oro.
   El reloj tiene calendario.
   Me regalaron de cumpleaños un reloj.

5. La muñeca es de cera.
   La muñeca mueve los ojos.
   La muñeca es mía.

B Escribe un texto. Usa **es, está tiene**.

Ejemplo: (escritorio)
<u>Es el escritorio que trajeron ayer. Está en el pasillo. Tiene un poco de polvo porque no se ocupaba en el otro salón.</u>

1. (maestro de Español)

2. (competencias deportivas)

3. (aparato de sonido)

4. (la montaña rusa)

5. (periódico deportivo)

6. (computadora portátil)

7. (velero)

C Escribe un texto que responda a las preguntas ¿Quién es? ¿Qué estará haciendo?

Ejemplo: (El payaso de la fiesta)

<u>Es el payaso de la fiesta. Ha de estar anudándose sus zapatotes, aunque debería empezar a maquillarse porque falta media hora para la función.</u>

1. (el cajero del banco)

2. (el rey de España)

3. (el portero del edificio)

4. (la maestra de Historia)

5. (la azafata)

6. (un guerrillero)

7. (un periodista)

8. (Miss México)

Signos de puntuación

Vamos a hacer un repaso del uso de los signos de puntuación.

RECUERDA:
> El **punto** es un signo que usamos al final de una oración.
> - **Punto y seguido** cuando lo que decimos a continuación se relaciona estrechamente con lo que habíamos dicho antes.
> - **Punto y aparte** cuando lo que decimos a continuación se refiere a algo diferente de lo que decíamos antes.
> - **Punto final** al término de un escrito.
> - También usamos **punto** después de las abreviaturas.

A Lee con cuidado el siguiente texto. Coloca los puntos que hagan falta.

6 puntos

Jacinto los condujo donde Pradelio Era el único que conocía el escondite de su hermano y había comprendido la necesidad de guardar ese secreto a costa de su propia vida Ensillaron el par de caballos de los Ranquileo, el niño e Irene montaron una yegua y Francisco otra bestia dura de hocico y bastante nerviosa Hacia mucho tiempo que no se subía a un caballo y se sentía inseguro Podía cabalgar sin estilo, pero con firmeza, gracias a que en su infancia iba al fundo de un amigo donde se familiarizó con la equitación Irene, en cambio resultó experta amazona, porque en la época de la bonanza económica de sus padres tuvo su propia jaca

Isabel Allende,
De amor y de sombra.

Ahora vamos a recordar el uso de la coma.

RECUERDA:
> • Se usa **coma** para separar los elementos de una serie de nombres, adjetivos o verbos, excepto el último cuando está precedido por algunas de las conjunciones **y, e, o, ni.**
> • También usamos **coma** para separar oraciones cortas que aparecen seguidas, aunque lleven la conjunción **y**.
> • Usamos **coma** antes de las conjunciones adversativas (**pero, sino, mas, aunque**); en particular cuando la primera oración es larga.

B Lee cuidadosamente el siguiente texto. Coloca las comas que se han omitido.

El deporte 10 comas

El deporte fortalece los músculos tonifica el alma embota la inteligencia. O bien: el deporte arruina la fisiología reblandece el espíritu agudiza el discernimiento.

Como comprenderás Eliacim no voy a perder mi tiempo este tiempo que por otra parte me sobra y no sé lo que hacer con él en aclararme lo que pienso que puede seguir confuso eternamente.

Camilo José Cela,
Mrs. Caldwell habla con su hijo.

C Encierra en un círculo rojo cada una de las comas que hay en el siguiente texto.

Siempre me siento atraído por los lugares en donde he vivido, por las cosas y los barrios. Por ejemplo, hay un edificio de roja piedra arenisca en la zona de la Setenta Este donde, durante los primeros años de la guerra, tuve mi primer apartamento neoyorquino. Era una sola habitación atestada de muebles de trastero, un sofá y unas obesas butacas tapizadas de ese especial y rasposo terciopelo rojo que solemos asociar a los trenes en día caluroso. Tenía las paredes estucadas, de un color tirando a esputo de tabaco mascado. Por todas partes, incluso en el baño, había grabados de ruinas romanas que en el tiempo había salpicado de pardas manchas. La única ventana daba a la escalera de incendios. A pesar de estos inconvenientes, me embargaba una tremenda alegría cada vez que notaba en el bolsillo la llave de este apartamento; por muy sombrío que fuese, era, de todos modos, mi casa, mía y de nadie más, y la primera, y tenía allí mis libros, y botes llenos de lápices por afilar, todo cuanto necesitaba, o eso me parecía, para convertirme en el escritor que quería ser.

Truman Capote,
Desayuno en Tiffanys.

En el texto anterior habrás notado que hay diferentes empleos de la coma, que ya estudiamos en el libro dos. Explica la razón por la cual se emplearon las comas que tienes encerradas en los círculos.

D Coloca las comas que se omitieron en el siguiente texto.

18 comas

Jamás se me ocurrió en aquellos tiempos escribir sobre Holly Golightly y probablemente tampoco se me hubiese ocurrido ahora de no haber sido por la conversación que tuve con Joe Bell que reavivó de nuevo todos los recuerdos que guardaba de ella.
    Holly Golightly era una de las inquilinas del viejo edificio de piedra arenisca; ocupaba el apartamento que estaba debajo del mío. Por lo que se refiere a Joe Bell tenía un bar en la esquina de Lexington

Avenue; todavía lo tiene. Holly y yo bajamos allí seis o siete veces al día aunque no para tomar una copa o no siempre sino para llamar por teléfono: durante la guerra era muy difícil conseguir que te lo instalaran. Además Joe Bell tomaba los recados mejor que nadie cosa que en el caso de Holly Golightly era un favor importante porque recibía muchísimos.

Todo esto pasó naturalmente hace un montón de tiempo y hasta la semana pasada hacía años que no veía a Joe Bell. Alguna que otra vez nos habíamos puesto en contacto y en ocasiones me había dejado caer por su bar cuando pasaba por el barrio; pero nunca habíamos sido en realidad grandes amigos excepto en el sentido de que ambos éramos amigos de Holly Golightly.

Truman Capote,
Desayuno en Tiffany's.

- Comenta con tus compañeros y tu maestro el empleo de las comas en el texto anterior.

No olviden que el empleo de la coma en ocasiones es vacilante, es decir, puede o no ponerse, de acuerdo con la preferencia o estilo de quien escribe.

OBSERVA: A pesar de esos inconvenientes, me embargaba una tremenda alegría cada vez que notaba en el bolsillo la llave de este apartamento; por muy sombrío que fuese, era, de todos modos, mi casa...

RECUERDA: Usamos **punto y coma** para separar frases y oraciones largas y complejas. También usamos **punto y coma** antes de las conjunciones adversativas (**pero, aunque, sino, sin embargo,** etc.) cuando separan oraciones de cierta extensión.

E Coloca los punto y coma que hemos omitido.

Drástico

> 3 punto y coma

Una mujer estéril debe ser remplazada al cabo de ocho años una, cuyos hijos todos hayan muerto, debe remplazarse a los diez años aquélla que no da al mundo más que hijas, al año undécimo la que habla con aspereza, inmediatamente.

Leyes de Manú
en **El libro de la imaginación.**

Tú ya conoces el uso de los dos puntos. Vamos a recordarlos.

F Coloca los dos puntos donde haga falta. Lee los textos con mucha atención.

> 2 dos puntos

Hoy recibí algo tuyo unas palabras
que al mismo tiempo nacen
del lugar apartado de visitas,
y de la más cercana
felicidad con que me ocupas.

Me dices solamente
"Llegué bien. No lo olvido. Lo acompaño,"
y firmas con tu nombre.

Rubén Bonifaz Nuño,
El manto y la corona y La flama en el espejo.

> 1 dos puntos

Bella época aquella época en la que las sombrillas bailaban el cancán.

Ramón Gómez de la Serna,
Greguerías.

> 1 dos puntos

Ese año pasaron muchas cosas en este país. Entre otras, Andrés y yo nos casamos.

Lo conocí en un café de los portales. En qué otra parte iba a ser si en Puebla todo pasaba en los portales desde los noviazgos hasta los asesinatos, como si no hubiera otro lugar.

Ángeles Mastreta,
Arráncame la vida.

G Agrega dos puntos donde hagan falta. Recuerda que preceden a una explicación.

1. Tenía montones de cosas que hacer ir a la tintorería, comprar el periódico, entregar un trabajo y bañar al perro.

2. Se trataba de un lugar tenebroso la escasa luz ni siquiera nos permitía ver a los murciélagos que rozaban nuestras cabezas.

3. Todos sus argumentos volvían al mismo punto se trataba de un error, él ni siquiera conocía ese lugar.

4. No pegué los ojos en toda la noche la vi muchas veces, vestida de mil maneras; oí su voz y sus risas; percibí su olor.

5. Creo que sé lo que me sucede estoy enamorado. ¡Ah! ¡Qué maravilla!

- ¿Puedes escribir otros ejemplos como los anteriores?

LECCIÓN 10
Redactar bloques de ideas

RECUERDA:

    Te llamo **si** regreso temprano.
    Si supiéramos la verdad, la diríamos.

> Empleamos el nexo **si** para expresar condición.

A Responde las preguntas con dos bloques de ideas.

Ejemplo: ¿Qué harías si fueras un caballero medieval?

    <u>Participaría en torneos para alcanzar el favor del rey y el amor de mi dama. También lucharía en las cruzadas y ganaría territorios para mi reino.</u>

1. El genio de Aladino.
_____
_____
_____

2. El piloto del Concorde.
_____
_____
_____

3. Un artista famoso.
_____
_____
_____

4. Un investigador privado.

5. Un bombero.

6. Un arqueólogo.

B Escribe dos bloques de ideas para responder en forma adecuada a estas preguntas que expresan duda.

Ejemplo: ¿En qué estará pensando el chofer del taxi?

<u>Ha de pensar en el tráfico que hay en la ciudad de México a todas horas del día. También le preocupa el consumo de gasolina a causa de los embotellamientos, así como la contaminación que producen todos los vehículos en nuestra ciudad.</u>

1. ¿Cómo se procesarán las papas fritas?

2. ¿Cómo se encuadernará un libro?

3. ¿En qué estará pensando el prefecto?

4. ¿Para qué se hacen las votaciones?

5. ¿Cómo funciona una televisión?

C Vamos a corregir disparates como lo hicimos en ocasiones anteriores. Reescribe los textos.

EJEMPLO:

En las costas del interior de la República Mexicana hay playas tan tranquilas que no puedes nadar ni practicar ningún deporte terrestre, porque corres el riesgo de ser arrastrado por algún avión.

En las costas de la República Mexicana hay playas tan tranquilas que puedes nadar y practicar cualquier deporte acuático, sin correr el riesgo de ser arrastrado por una ola.

1. Don Héctor no necesita lentes porque es invidente, pero lo van a operar de los oídos para que pueda leer su periódico y, así, ya no tenga que ver las noticias en el radio que, además, son en blanco y negro.

2. Doña Rosa es tan delgada que cuando se compra un vestido pide la talla más grande y lo lleva a la tintorería para que se lo ajusten; después, la costurera lo lava y lo plancha para estirarlo y lograr que quede grande.

3. Norma se quedó afónica porque no conversó con nadie en la fiesta. También se quejó de que le dolían los pies por no haber bailado en toda la noche, por eso se despidió temprano y se fue sumamente contenta.

4. La policía capturó a un asaltante que no había cometido ningún delito, solamente hirió al velador de la joyería donde lo encontraron muy tranquilo, mirando para todos lados ya que no corría el riesgo de ser descubierto.

LECCIÓN 11

Usos de C y SC

Vamos a estudiar otros usos de c.

Lee con atención.

> La **vigilancia** me parece muy buena.
>
> **Fidencio** pagó la **tenencia** del coche.
>
> El queso está **rancio**.
>
> Llegamos con un **cansancio** terrible.
>
> Esta **constancia** todavía tiene **vigencia**.
>
> Por favor, guarden **silencio**.

Las terminaciones de las palabras en negritas son **ancia**, _____, _____ y **encio**.

ATENCIÓN:
> Las palabras que terminan en **ancia, ancio, encia y encio** se escriben con c.
> Excepto: **Hortensia, ansia**.

USOS DE C Y SC

A Completa con **ancia, ancio, encia** y **encio** y escribe dos veces las palabras.

vag
r
Fid
aus
dilig
prest
sil
abund
complac
dec
Flor
persever
const
Fulg
ten
vigil
sent
doc
tend
advert
indifer
eleg
toler
ambul
cans
benefic
comand
magnific
inf
inoc
adoles
extravag

RECUERDA: La ortografía se aprende practicando

B Ahora vamos a escribir un adjetivo o un sustantivo según corresponda. Fíjate en el ejemplo.

decente
congruencia
distancia
transparente
constante
apariencia
abudante
coherencia
docencia
extravagante
paciente
conciencia
ausente
negligente
exuberante
distancia
vigilante
complaciente
diligente
carencia
consciente
indulgente
renuente
decencia
perseverante
congruencia

• Practica las palabras. Observa la relación que hay entre la **t** y la **c**.

USOS DE C Y SC

Hay palabras en las que aparece el grupo **sc**. Vamos a practicar algunas.

C Con las palabras del cuadro organiza familias.

disciplina	escenario	ascendencia	descenso
descender	disciplinado	disciplinar	ascender
ascendiente	discípulo	escenificar	descendencia
escena	descendiente	ascenso	escenografía

D Vamos a practicar otras palabras del grupo **sc**. Escribe tres veces cada una y busca su significado en el diccionario.

plebiscito

víscera

fosforescente

irascible

piscina

fluorescente _____ _____ _____

prescindir _____ _____ _____

susceptible _____ _____ _____

Clasifica las palabras anteriores según su uso (frecuente, poco frecuente o esporádico). Emplea tu cuaderno.

Vamos a estudiar algunos homófonos. Recuerda que las palabras homófonas suenan igual pero su significado y su ortografía son diferentes.

E Busca en la sopa de letras los homófonos de las palabras de la columna de la izquierda y escríbelos junto a éstas.

sien _____
brasero _____
siervo _____
concejo _____
sesión _____
cerrar _____
cocer _____
sita _____
cegar _____
intensión _____
sebo _____

P	T	M	C	D	K	C	O	N	S	E	J	O
J	C	I	E	N	H	I	A	M	B	C	D	K
L	D	M	B	T	P	T	Q	S	R	K	I	O
Z	C	P	O	X	Z	A	P	E	T	U	N	B
T	E	U	M	H	X	B	Y	R	Z	X	T	W
B	R	A	C	E	R	O	Z	R	M	T	E	P
C	L	K	I	G	H	J	M	A	P	R	N	K
H	J	C	E	S	I	O	N	R	Q	S	C	O
T	O	M	R	T	W	R	S	Q	K	H	I	J
R	N	W	V	J	S	E	G	A	R	U	O	K
S	M	C	O	S	E	R	P	R	S	T	N	P
A	X	R	V	H	A	R	W	Z	M	K	W	O

• Localiza en el diccionario el significado de las palabras que no conozcas y escríbelas varias veces.

F Busca el significado de las siguientes voces homófonas. Ya sabes que cuando se trate de una forma verbal, la encontrarás señalada y sólo tendrás que anotar el infinitivo correspondiente.

cauce _____

cause (vb) _____

enceres (vb) _____

enseres _____

sito _____

cito (vb) _____

siento (vb) _____

ciento _____

cauce _____

cause (vb) _____

reciente _____

resiente (vb) _____

hoces _____

oses (vb) _____

reces (vb) _____

reses _____

ceso (vb) _____

seso _____

También hay homófonos **c-sc**.

OBSERVA:

        adolecente/adolescente

        asciende (vb)/hacienda

        haciendo (vb)/asciendo

G Vamos a escribir palabras de la misma familia y sus significados. Fíjate en el ejemplo.

adolecente	adolescente
adolecer	

adolecente _____

adolecer _____

Adolecer significa caer enfermo o tener algún defecto.

USOS DE C Y SC

ascienda	hacienda

haciendo	asciendo

H Hay muchas palabras con **sc**. Practícalas para que no las olvides.

descender	discernir	disciplina	discípulo
escena	escéptico	escisión	fascinar
fosforescente	irascible	oscilar	piscina
plebiscito	prescindir	susceptible	víscera

- ¿Puedes escribir otras palabras de la misma familia de las anteriores? Fíjate que también llevan **sc**.

Agregar otras ideas y redactar recados
(idea principal, ideas secundarias)

Tú ya sabes que cuando escribimos lo hacemos a base de ideas. Partimos de una idea —que vamos a llamar **idea principal**— a la cual podemos agregarle otras (**ideas secundarias** y **complementarias**). Para hacerlo empleamos los nexos.

Vamos, entonces, a continuar añadiendo otras ideas a una idea principal.

> Las ideas —secundarias y complementarias— que se añaden a una principal, sirven para darle mayor amplitud, para explicarla y complementarla.

Resulta obvio que no decimos lo mismo en:

	La maestra de música no vino hoy.

Que en:

	La maestra de música <u>a quien todos los alumnos quieren tanto</u>, no vino hoy, <u>porque anoche se murió su mamá</u>.

Observa que las ideas secundarias que se agregaron completan y explican la idea principal.

A Agrega varias ideas a la idea principal que se da.

EJEMPLO:

	Lucy está enojada.

	<u>Lucy está enojada porque Claudia, que era su mejor amiga, destruyó el libro que Lucy había pedido en la biblioteca, y ahora Lucy tiene que pagarlo.</u>

AGREGAR OTRAS IDEAS Y REDACTAR RECADOS (idea principal, ideas secundarias)

1. Mi hermano se va a casar en Morelia.

2. Jorge y Roberto se escondieron.

3. Rogelio nos prestó su coche.

4. Beatriz tuvo su primera entrevista.

5. Sara y Rosa son gemelas.

6. El grupo 3° D realizó un concurso.

7. Los jefes de grupo se reunieron en el Auditorio.

8. El regente inauguró un museo.

LECCIÓN 12

B Separa las ideas secundarias de la principal que encontraste en el ejercicio A. Utiliza el esquema que ya conoces. Trabaja en tu cuaderno.

EJEMPLO:

Lucy está enojada porque Claudia, que era su mejor amiga, destruyó el libro que Lucy había pedido en la biblioteca, y ahora Lucy tiene que pagarlo.

Idea principal	Ideas secundarias
Lucy está enojada	a) Claudia es la mejor amiga de Lucy.
	b) Claudia destruyó el libro.
	c) Lucy había pedido el libro en la biblioteca.
	d) Lucy tiene que pagar el libro.

C Agrega las ideas secundarias a la principal. Emplea los nexos que se indica.

1. Mi hermana tiene oportunidad de ver espectáculos desde su ventana.

Nexos: **que, y**

    a) Mi hermana vive enfrente de un parque.
    b) Dan espectáculos al aire libre.
    c) Mi hermana puede escuchar conciertos los domingos.

2. Las competencias deportivas comienzan en marzo.

Nexos: **por lo tanto, si, aunque**

    a) Debemos entrenar todos los días.
    b) Queremos estar dentro de los primeros lugares.
    c) Sólo participaremos en tres deportes.

AGREGAR OTRAS IDEAS Y REDACTAR RECADOS (idea principal, ideas secundarias)

3. Proyectaron una película en la escuela.

    a) La película es muy buena.
    b) No la vimos completa.
    c) La película dura 4 horas.

Nexos: **que, pero, porque**

4. El Centro Histórico debe conservarse en buen estado.

    a) Las autoridades prohiben el paso.
    b) Las autoridades sancionan.
    c) Algunas personas tiran basura en el Centro Histórico.

Nexos: **por eso, y, si**

5. Las carreras técnicas son convenientes.

    a) Las carreras técnicas tienen mucha demanda.
    b) Las carreras técnicas se imparten en varios lugares.
    c) Las carreras técnicas son más cortas.

Nexos: **pero, porque, y**

Una vez que hemos repasado la manera de separar ideas principales de ideas secundarias, vamos a practicar su aplicación redactando recados y avisos.

EJEMPLO:

Aviso a un grupo.

Idea principal	**Ideas secundarias**
No habrá taller de imprenta.	• Saludo. • El profesor Díaz no puede asistir. • Tuvo un accidente automovilístico. • Está en la Delegación arreglando el problema. • Despedida.

Recuerda que puedes agregar otras ideas secundarias o complementarias.

Al grupo 1o A:

Se les comunica que hoy no habrá taller de imprenta porque el Profr. Díaz no puede asistir, debido a que tuvo un accidente automovilístico y está en la Delegación arreglando el problema. Atentamente.

D Redacta los siguientes recados.

1. Recado a una amiga.

Idea principal	Ideas secundarias
Llegaré una hora después.	• Saludo. • Tengo que hacer un encargo de mi papá. • Me desocuparé rápido. • Llevaré el material para la maqueta. • Despedida.

2. Recado al papá.

Pasaré a la tintorería.	• Saludo. • Llamaron de la tintorería. • Ya está listo el traje gris. • Ese traje lo necesitas. • El aniversario de los abuelos es el sábado. • Despedida.

3. Recado al mecánico.

	• Saludo. • Le dejé el coche. • Le toca la verificación. • Hoy no circula el coche. • Lo recogeré mañana en la tarde. • Despedida.

AGREGAR OTRAS IDEAS Y REDACTAR RECADOS (idea principal, ideas secundarias)

4. Recado a una hermana.
- Saludo.
- Llamó Claudia.
- Tienen una cita a las seis de la tarde.
- No pude esperarte.
- Tengo clase de francés.
- Despedida.

E Aquí tenemos tres ejemplos de recados pésimamente escritos.

1. Oiga me boi tengo que vera Luisa Mendez llamo pero nada. No se aquehora vuelvo siesque vuelbo jajaja Oiga deje la olla express puede explotar. Adios.

2. Te habló Jorge. Por cierto, necesito mi libro de Biología. Me dijo que te dijera que viene a las nueve. Ya sabes que tengo examen mañana. ¡Qué padre!, ¿no? Gracias.

3. Mami que el señor del banco viene en la tarde y que necesita su dinero y que si no estas lo dejes con alguien y el te llama despues y del banco no te preocupes y tambien mi tia Lola. Un besito.

Fíjate, todos están muy mal. Pero en el nº 1, además, no se entiende lo de la olla express:

- ¿Es un aviso? ¿Quiere decir: "dejé la olla puesta y puede explotar"?
- ¿Es una orden? ¿Quiere decir: "No toque la olla express porque puede explotar"?

- Analiza con cuidado los recados y redáctalos correctamente.

LECCIÓN 13

Verbos con C

En los libros uno y dos estudiamos algunos usos de la c. Ahora vamos a revisar la ortografía de los verbos que llevan esta letra.

Lee con atención.

Cuando **oscureció** ya estaba bastante preocupado.
No **conocíamos** a nadie.
¿Me **traduces** este artículo?
Esta situación me **produce** un gran malestar.

Escribe los infinitivos de las formas verbales en negritas.

_____ , _____ , _____ y _____ .

ATENCIÓN: Los verbos que terminan en **cer** y **cir** se escriben con c. Hay excepciones importantes: **ser, coser, toser, asir** y sus derivados y compuestos.

A Resuelve el crucigrama.

Horizontales:
1. Tener determinada apariencia.
3. Empezar el día.
4. Dirigir hacia algún lugar un automóvil, autobús...
7. Persuadir por medio de razones.
8. Crear, elaborar.
9. Cumplir la voluntad del que manda.

Verticales:
2. Dejarse ver.
5. Brillar, resplandecer.
6. Tener idea de una cosa.
10. Privar de luz o claridad.

Todas las palabras del crucigrama son verbos que terminan en _____ y _____ .

Vamos a trabajar el copretérito, pospretérito y futuro de indicativo de estos verbos.

B Observa el cuadro y completa. Debes tomar en cuenta la persona y el tiempo verbal.
Fíjate en el ejemplo.

		traducir	aparecer	producir
yo	CI	traducía		
ellos	PI			
tú	FI			
nosotros	CI			
él	FI			
yo	PI			
él	CI			
nosotros	PI		apareceríamos	
ellos	FI			
tú	CI			
ellos	CI			
nosotros	FI			
tú	PI			
ellos	PI			producirán
yo	FI			

LECCIÓN 13

		conocer	conducir	obedecer
yo	PI			
él	PI			
nosotros	CI			
tú	PI			
yo	CI			
nosotros	PI			
él	CI			
ellos	FI			
tú	CI			
nosotros	FI			

		lucir	convencer	oscurecer
nosotros	FI			
ellos	CI			
él	CI			
ellos	PI			
yo	FI			
ellos	PI			
tú	FI			
nosotros	CI			
ellos	FI			
yo	CI			
tú	CI			
ellos	FI			

• Hay muchos verbos terminados en **cer** y **cir**.
Trabájalos en tu cuaderno.

OBSERVA:

Vamos a recordar que la letra **c** tiene dos sonidos:

antes de **e, i**
[s]
- almac**é**n
- **c**ena
- **c**ine
- **c**ocina
- **C**ecilia

antes de **a, o, u**
[k]
- **c**una
- **c**asa
- **c**amisa
- **c**osa
- **c**ollar
- **c**ubeta
- **C**onrado

En algunos tiempos de la conjugación de los verbos terminados en **cer** y **cir** se producen cambios ortográficos a fin de conservar el sonido original del infinitivo. Esto sucede antes de las vocales **a, o, u**.

Lee.

En el carnaval Juan **parece** pirata, y dice que yo **parezco** gitana.

Debes **obedecer** a tus papás, yo sí los **obedezco**.

No **luzco** muy bien, ¿verdad? Debería **lucir** mejor.

ATENCIÓN: Los verbos terminados en **cer**, **cir** agregan una z antes de la c en la 1a. persona del presente de indicativo y en todas las del presente de subjuntivo.

LECCIÓN 13

C Con las letras del cuadro forma la conjugación de los tres verbos que se indican, en todas las personas del presente de indicativo y de subjuntivo.

Fíjate en el ejemplo:

	duces	ces	nozcas	duzca	acías	nocéis	
zco	noce	duzcas	acen	**aba**	duscaís	ducía	noces
~~duzca~~	IN	ozcaís	ducen	acemos	azco	duzcas	nozcan
duce	duzcamos	ace	~~duzco~~	nozco	ducís	ozcamos	nozca
nocemos	ducimos	nocís	duzcan	duzca	nocen	ducen	duzca
duzcáis	ozcan	~~TRA~~	nozca	ducimos	nozca	duzcamos	eré
	nozcamos	duces	duzcan	duce	nozcais	CO	

               Presente Indicativo   Presente Subjuntivo

inducir

traducir

conocer

88

- Trabaja los siguientes verbos de la misma forma. Usa una hoja de bloc.

obedecer	inducir	producir
reconocer	deducir	parecer
merecer	perecer	amanecer
conducir	conocer	convencer
nacer	lucir	reducir

OBSERVA:

De tarea tengo que **traducir** un artículo, y como no sé mucho inglés, le pedí a Luis que por favor me lo **tradujera**.

Mi papá nos llamó a todos y nos dijo que teníamos que **reducir** los gastos de la casa. Yo, por supuesto, ya los **reduje** y hablé con Marcela para que ella también los **redujera**.

ATENCIÓN: Los verbos terminados en **ucir** son irregulares en el pretérito de indicativo y en el subjuntivo.

FÍJATE:

Pretérito Indicativo · Pretérito Subjuntivo

reduje	redujera
traduje	tradujera

D Completa el cuadro siguiendo el ejemplo.

Infinitivo		Pretérito Indicativo	Pretérito Subjuntivo

Infinitivo		Pretérito Indicativo	Pretérito Subjuntivo
reducir	yo	reduje	redujera
conducir	tú		
aducir	ellos		
inducir	nosotros		
deducir	vosotros		
traducir	tú		
inducir	él		
aducir	yo		
	ellos		redujeron
	nosotros		condujéramos
producir	tú		
	él	tradujo	
	yo		
conducir	tú		
	nosotros		dedujeran
deducir	ellos		
producir	yo		
inducir	ellos		
	él	dedujo	
traducir	yo		
	ellos		produjeran
conducir	nosotros		
reducir	tú		

Es frecuente confundir los verbos irregulares, tanto en la lengua oral como en la escrita, por eso debes practicarlos para poder escribirlos correctamente.

OBSERVA:

        coser   cocer

Busca en el diccionario el significado de estos verbos.

coser _____

_____

cocer _____

_____

Fíjate:

    coser es un **verbo completamente regular.**
    cocer es un **verbo irregular** en el presente de indicativo y en el subjuntivo.

Lee con atención.

Yo **cosí** los pantalones.
   (pretérito indicativo)

Si **cosiera** los pantalones me los podría poner.
   (pretérito subjetivo)

Si **cueces** la carne hoy, mañana todo será más fácil.
   (presente indicativo)

No **cuezas** las verduras aparte.
   (presente subjuntivo)

E Ordena las formas verbales del cuadro y escríbelas donde corresponda.

cocieras	cuezan	coséis	cocéis	cose
cosa	cosas	cosen	cosamos	coses
cosieran	cosemos	cosan	cuece	cuezas
cociera	cocemos	cosieras	coso	cosa
cosiera	cueza	cociéramos	cosiera	cosiéramos
cueces	cociera	cozáis	cueza	cuecen
cuezo	cosáis	cosiérais	cociérais	cozamos
cocieran				

Coser

Presente de Ind.	Pretérito de Subj.	Presente de Subj.

Cocer

Presente de Ind.	Pretérito de Subj.	Presente de Subj.

Vuelve a conjugar estos verbos en tu cuaderno. Escribe también el pretérito, el copretérito, el pospretérito y el futuro de indicativo.

LECCIÓN 14
"Desarmar" y "armar" párrafos

Hasta ahora hemos revisado la redacción de textos muy breves que giran en torno a una idea principal; es decir, de lo que llamamos un "bloque de ideas". Pero sabemos, porque ya lo hemos visto en otras ocasiones, que varios de estos bloques, relacionados entre sí, forman un párrafo. En otras palabras, un párrafo está compuesto por varias ideas principales, cada una de las cuales puede estar a su vez complementada por otras ideas secundarias y complementarias.

De la estructura y redacción del párrafo nos ocuparemos en esta lección.

Escribimos un breve párrafo, a manera de ejemplo:

> El perro está muerto. Lo mató un camión. Los niños están consternados.

Ya hemos dicho que cada vez que encontramos un punto, termina una idea. Después del punto y seguido tenemos otra idea principal relacionada con la anterior, pero independiente de ella. Con el punto y aparte indicamos el fin de un párrafo (una serie de ideas relacionadas). Cada párrafo a su vez se basa en una **idea general**, que es el asunto que se desarrolla en él.

La idea general del pequeño párrafo que dimos arriba, sería la muerte de un perro. El párrafo, tal y como aparece en el ejemplo. contiene tres ideas principales:

1. El perro está muerto.
2. Un camión mató al perro.
3. Los niños están consternados.

Estas tres ideas, que hemos llamado principales, se pueden complementar con otras ideas con el objeto de dar más información en el párrafo. Esta información tendrá que estar relacionada con la idea general (asunto) del párrafo.

Por ejemplo:

> El perro que nos regaló Raúl y a quien queríamos tanto, está muerto. Lo mató un camión que pasó por la esquina del parque adonde el perro había salido a pasear. Los niños están consternados ya que vieron el accidente, pero no pudieron hacer nada.

Queda claro que en este segundo texto explicamos más ampliamente lo que estamos diciendo. Lo hicimos, como ya hemos dicho, simplemente añadiendo otras ideas a la idea principal.

Veamos ahora cómo quedaría nuestro párrafo en forma esquemática.

Idea general: Se murió el perro.

Idea principal	Ideas secundarias	Ideas complementarias
El perro está muerto.	Raúl nos regaló el perro. Queríamos mucho al perro.	
Un camión mató al perro.	El camión pasó por la esquina del parque.	El perro había salido a pasear al parque.
Los niños están consternados.	Los niños vieron el accidente.	Los niños no pudieron hacer nada.

Con toda claridad vemos que se trata de un párrafo formado por tres bloques de ideas, cada una de las cuales está separada en el cuadro por una línea horizontal. Observamos que el bloque 1 está formado por 3 ideas, una principal y dos secundarias; el 2 y el 3, por 3 ideas cada uno, una principal, una secundaria y una complementaria.

    Observa que si lees las columnas en forma vertical, en la de las ideas principales obtienes un **resumen** del texto. Nota cómo las ideas secundarias añaden información a la idea principal, y las ideas complementarias, como su nombre lo indica, completan o complementan a una idea secundaria.

Entonces, encontrar las ideas principales que contiene un párrafo es muy fácil.

> RECUERDA: Un párrafo es un conjunto de "bloques de ideas"; es decir, un conjunto de ideas principales relacionadas entre sí.

Veamos otro ejemplo: un texto compuesto de dos párrafos.

El mole es, sin duda, un platillo altamente representativo de la cocina mexicana. Sus orígenes se remontan a la época prehispánica en que se preparaba el "molli". Éste era una especie de masa suave, que se comía sola o se utilizaba como condimento para otros alimentos.

Este preparado se enriquece posteriormente con la aportación culinaria española. Entonces se aplica el nombre al famoso mole de guajolote, monumento barroco de la rica gastronomía nacional.

Vamos a "desarmar" cada uno de los párrafos. Seguimos estos pasos:

1º Separar los bloques de ideas con una diagonal.
2º Hacer un cuadro para cada párrafo.
   Anotar las ideas principales en los lugares correspondientes y añadir las ideas secundarias y complementarias.
3º Volver a escribir el texto incluyendo todas las ideas encontradas.
4º Cambiar el trabajo con un compañero para comentarlo.
   Tú sabes que puede haber variaciones de estilo, pero el contenido es el mismo.

La idea general del texto es:

"El mole es un auténtico platillo mexicano".

El texto tiene 5 bloques de ideas.

Las ideas principales son:

Párrafo 1:
1. El mole es un platillo representativo de la cocina mexicana.
2. Sus orígenes se remontan a la época prehispánica.
3. El mole era una especie de masa suave.

Párrafo 2:
1. Este preparado se enriquece con la aportación culinaria española.
2. Entonces se aplica el nombre al famoso mole de guajolote.

Elaboramos el cuadro del primer párrafo.

Ideas principales	Ideas secundarias	Ideas complementarias
El mole es un platillo representativo de la cocina mexicana.	Sin duda.	
Sus orígenes se remontan a la época prehispánica.	En esa época se preparaba el "molli".	

"DESARMAR" Y "ARMAR" PÁRRAFOS

A Completa el cuadro con los otros tres bloques de ideas. Cuando termines lee en forma vertical la columna de las ideas principales. ¿Tenemos un resumen del texto?

B Trabaja los siguientes párrafos como el ejemplo anterior. Pon atención a las ideas generales y a las principales.

1.
El centenario del natalicio de Ramón López Velarde se festejará durante el presente año en el estado de Zacatecas. Habrá numerosos actos culturales en homenaje al poeta de la "Suave Patria". En especial, la Comisión que organiza los festejos, reinaugurará el 15 de junio de 1988 el Museo-Casa López Velarde en Jerez, Zacatecas. Se pensó en una gran velada literaria a la que asistirá el Gobernador del Estado. Para los zacatecanos López Velarde encarna el sentimiento de la provincia en sus más profundas esencias.

Idea general: Homenaje en el Centenario del natalicio de Ramón López Velarde.

Ideas principales:

1. El centenario del natalicio de Ramón López Velarde se festejará en el estado de Zacatecas.
2. Habrá numerosos actos culturales.
3. La Comisión reinaugurará el Museo-Casa López Velarde.
4. López Velarde encarna el sentimiento de la provincia.

2.
La mayoría de los inventos originales se debe a los hombres primitivos que inventaron la rueda, el arco y la flecha, la agricultura, la navegación y la alfarería.
   Los hombres que heredaron estos inventos, crearon otros para perfeccionarlos. Pero esto sucedió hace muchos siglos. Cualquiera puede ser inventor, aunque eso no se estudia en ninguna escuela.

Idea general: Los inventos del hombre primitivo.

Ideas principales:

1. La mayoría de los inventos se debe a los hombres primitivos.
2. Otros hombres perfeccionaron los inventos.
3. Esto sucedió hace muchos siglos.
4. Cualquiera puede ser inventor.

C En este ejercicio solamente te vamos a dar el párrafo y la idea general, y tú localizarás las ideas principales.

1.
Idea general: Los usos de la sal.

La sal tiene usos domésticos e industriales. Sólo una pequeñísima cantidad de la producción mundial de sal se emplea en la alimentación; en cambio, se cuentan por cientos sus otros usos.

Grandes cantidades de sal se usan en la preparación de nieves de sabores. Se emplea para conservar las carnes, el pescado, algunos productos derivados de la leche y también para curar pieles y cueros. Esto se debe a que las bacterias o cualquier otro organismo vivo no sobreviven en la sal.

2.
Idea general: La importancia de la música.

Toda la vida, desde la madre que canta a su hijo, hasta la observación cósmica, ha estado rodeada de música. Es así como se logra el acercamiento más profundo y sensible a lo que nos rodea, coloreando en nuestra imaginación experiencias especiales, transmitiendo emociones, tristezas, pasiones y otros estados anímicos.

La música es, pues, además de un arte un lenguaje universal, un color, una evocación que toca todos nuestros sentimientos y la fibra más íntima de nuestro ser.

LECCIÓN 15 Usos de S

Vamos a estudiar más usos de la s.

OBSERVA:

segmento   **sig**nificado

   seguridad   **sig**la

ATENCIÓN: Las palabras que empiezan con **seg, sig** se escriben con s. Excepto: **cigarra, cegar, cigarro, cigüeña** y sus derivados.

A Forma palabras siguiendo las flechas. Escríbelas.

LECCIÓN 15

Vuelve a escribir las palabras.

- Busca en tu diccionario otras palabras que empiezan con **seg, sig**.

Lee con atención.

    ofensa censo prensa
    inmensa extenso incienso
    consenso defensa recompensa

- Subraya las cuatro últimas letras de las palabras que acabas de leer.

Por lo anterior podemos decir que:

> Las terminaciones **enso, ensa** de muchos sustantivos y adjetivos se escriben con **s**.

USOS DE S

B Escribe las palabras del cuadro en el encadenado.

	recompensa	censo
inmensa	despensa	
	prensa	
incienso		ascenso
	extenso	
ofensa	dispersa	descenso
	denso	

• Vuelve a escribir dos veces estas palabras.

C Subraya las terminaciones de las siguientes palabras.

grotesca   marisco   risco
ventisca   pintoresca   gresca
disco   chusco   caballeresco
pesca   parentesco   verdusco
arisca   refresca   pedrusco
brusca   gigantesca   mordisco

D Escribe las palabras del ejercicio anterior según corresponda.

        masculino   femenino

ATENCIÓN: Se escriben con **s** las terminaciones **esco, esca, isco, isca, usco** y **usca** de adjetivos y sustantivos. Hay excepciones importantes: bizco, blancuzco, blanduzco, negruzco, cuzco, pellizco, pizca y otras menos frecuentes.

E Forma un adjetivo de la misma familia, y escríbelo dos veces.
Ejemplo:

        gigante   —   <u>gigantesco</u>

verde
moro
brusquedad
pardo
burla
caballero
bruja

RECUERDA: La ortografía también se aprende practicando.

LECCIÓN 16
Redactar apuntes

Una vez que sabemos redactar párrafos estamos habilitados para elaborar prácticamente cualquier escrito. Ahora, vamos a ocuparnos de uno que tú haces cotidianamente: los "apuntes". En muchas ocasiones, tenemos que tomar notas en una conferencia o en una clase y redactarlas después. Vamos, entonces, a practicar este tipo de escrito.

¿Cómo saber qué es lo más importante?

FÍJATE:
> Una clase es como un gran texto compuesto de párrafos que, a su vez, están formados por ideas principales, secundarias y complementarias.

Cuando tu profesor dice: "Hoy veremos..." te está proporcionando el tema que va a tratar; y, en cuanto empieza a hablar, va exponiendo una serie de ideas principales y secundarias. Tú sólo tienes que anotar las que consideres imprescindibles para poder después reconstruir lo más esencial del tema en cuestión: ésas son las principales.

Veamos un ejemplo de la materia de Historia. Supongamos que el profesor dio la clase y tomaste estas notas.

TEMA: El periodo constituyente.

- 1913-1917. Etapa del constitucionalismo.
- Idea de elecciones presidenciales.
- Los poderes siguen en pugna.
- Carranza deja el poder.
- Adolfo de la Huerta toma la presidencia provisionalmente.
- Se hacen las elecciones.
- Álvaro Obregón triunfa.

LECCIÓN 16

Después, redactamos las notas:

La etapa del constitucionalismo abarca de 1913 a 1917. Esta etapa se caracteriza porque existe una gran preocupación en torno a las elecciones presidenciales. Esta idea está muy presente en el pensamiento de todos, puesto que por ella se inició la lucha revolucionaria. Los poderes siguen en pugna, por lo tanto, Carranza deja el poder y Adolfo de la Huerta toma la presidencia provisionalmente. Al llevarse a cabo las elecciones resulta triunfador el general Álvaro Obregón.

¿Te das cuenta de que se puede rehacer un texto con sólo enlistar los datos que se toman durante la exposición oral de una clase? Claro, con la ayuda de los nexos y la puntuación correspondiente.

> Antes de redactar tus apuntes, es recomendable que, además de lo escuchado en clase, leas lo correspondiente al tema en tu libro de texto.

A Lee con atención las ideas enlistadas del tema de la clase de Ciencias Sociales. Organízalas para formar los apuntes de esa materia. Consulta tu libro de texto o una enciclopedia.

TEMA: Concepto de Estado.

- Ha evolucionado a través del tiempo.
- Comunidad de seres humanos.
- Viven permanentemente en un territorio.
- Están gobernados por una autoridad común e independiente.
- Interviene en el aspecto económico, político, cultural, moral y social de la población.

B Ahora escribe los apuntes de la materia de Física.

TEMA: Gravedad y gravitación universal.

- Gravedad: intensidad de la fuerza con que atrae la tierra a los cuerpos.
- La intensidad de la **gravedad** varía porque la tierra no es redonda.
- Los polos tienen intensidad de atracción mayor.
- Según Newton, es igual a la de los planetas y el Sol y viceversa.
- Las fuerzas de atracción del Sol y la Luna producen las mareas.

C Redacta un texto con las notas de Geografía que se dan.

TEMA: La constelación de Andrómeda.

- Semejante a la Vía Láctea.
- Enorme estrella difusa.
- Rodeada de nubes brillantes y áreas oscuras.
- Formada por billones de estrellas.
- Inmensa tela luminosa flota en el espacio.

D Ahora te presentamos notas de Español. Redacta tus apuntes.

TEMA: El Poema del Cid.

- Cantar de Gesta.
- Siglo XII.
- Autor anónimo.
- Personaje protagonista: Rodrigo Díaz de Vivar.
- Poema dividido en tres partes: Destierro del Cid, Afrenta de Corpes y Bodas de las hijas del Cid.
- Tiene varios rasgos costumbristas y nacionalistas.
- Se destacan valores humanos: el amor a la familia y el espíritu caballeresco.

E Las siguientes notas corresponden a Ciencias Naturales. Trabájalas de la misma forma que en los ejercicios anteriores.

TEMA: Aparato Respiratorio.

- La respiración, fenómeno explicado desde la antigüedad.
- Relacionada con el oxígeno y el anhídrido carbónico.
- Consiste en aspirar y espirar.
- El oxígeno: sustancia imprescindible existente en el aire.
- Anhídrido carbónico: resultado de la combustión de sustancias nutritivas.
- Las sustancias nutritivas se queman y mantienen la temperatura corporal.
- Proporcionan la energía necesaria para hacer un trabajo.

F Imagina que fuiste a una conferencia sobre "La Segunda Guerra Mundial" y que tomaste las siguientes notas; muy breves, porque el conferencista hablaba muy rápido y, además, pasaba películas.

- 1939. Empieza la guerra.
- 1940. Alemania ocupa varios países.
- 1941. Los alemanes cruzan la frontera rusa. El ataque a Pearl Harbour. Entrada de E.U. en la guerra.
- 1942. Ofensivas de los aliados. Guerra submarina.
- 1943. Se derrumban importantes posiciones de las potencias del Eje.
- 1944. Avance generalizado de los aliados.
- 1945. La bomba atómica. Fin de la guerra.
- Consecuencias de la guerra.

Consulten el tema en un libro de historia o en una enciclopedia y redacten el texto en equipo.

LECCIÓN 17

Verbos con S, SC y C

Lee con atención.

Elena lleva a Claudia para que **converse** con el profesor que vino de Inglaterra.

El **reverso** de la medalla es **liso**.

Mi mamá tiene la piel muy **tersa**.

Escribe las terminaciones de las palabras en negritas.
_____ , _____ y _____ .

ATENCIÓN: Las terminaciones **erso**, **ersa** y **erse** de sustantivos, adjetivos y verbos se escriben con s.

A Completa los cuadros siguiendo el ejemplo.

	Presente Indicativo	Pretérito Indicativo	Presente Subjuntivo
yo	converso	conversé	converse
él		traspasó	
ellos			malversen
nosotros		conversamos	
tú	dispersas		
ellos	tergiversan		
él	dispersa		
yo	malverso		

107

nosotros	traspasamos		
yo			traspase
tú		malversaste	
él	dispersa		
tú	traspasas		
ella			malverse
ellos	traspasan		
tú		dispersaste	
él		tergiversa	
tú	malversas		
yo	traspaso		

Lee con atención.

La enfermera **acostó** a la niña con cuidado.
(acostar)

El señor **se acostó** un rato después de cenar.
(acostarse)

Los verbos **reflexivos** o **pronominales** agregan el pronombre **se** al infinitivo. El verbo y el pronombre forman una sola palabra.

ATENCIÓN: Se escribe con s el pronombre **se** que se agrega al infinitivo de los verbos reflexivos.

VERBOS CON S, SC Y C

B Cambia a la forma reflexiva.

buscar		ir	
acostar		tapar	
quejar		conseguir	
lavar		acabar	
preguntar		seguir	
arrepentir		morir	
dormir		secar	
salir		reír	
mecer		mojar	

C Cambia el verbo a la forma reflexiva. Empléala después en una oración.

(morir) morirse
El accidente fue terrible, Luis estuvo a punto de morirse.

1. (secar)

2. (reír)

3. (despertar)

4. (convertir)

5. (dormir)

109

6. (salir) _____

7. (desayunar) _____

8. (seguir) _____

9. (ayudar) _____

10. (acabar) _____

RECUERDA: La buena ortografía se debe también a la práctica.

Lee con atención.

sección	sesión
confección	confesión
concepción	concesión
lección	lesión

A las palabras que son diferentes en su escritura y en su significado, pero que se pronuncian en forma parecida o semejante se les llama **parónimas**.

- Busca cada una de las palabras anteriores en el diccionario y escribe su significado en tu cuaderno. Empléalas después en oraciones.

Ya hemos estudiado voces homófonas en ocasiones anteriores. Ahora vamos a ver otras.

D Busca en tu diccionario el significado de las siguientes voces homófonas. Recuerda que cuando se trate de una forma verbal (vb) sólo escribirás el infinitivo correspondiente.

asenso _____

ascenso _____

consiente (vb) _____

consciente _____

deshinchar _____

descinchar _____

hacienda _____

ascienda _____

haciendo _____

asciendo _____

adolecente _____

adolescente _____

E Con las familias del cuadro forma familias de palabras.

asentimiento	consciente	descinchado	ascender
conciencia	deshinchando	consentido	conscientemente
consentir	consentimiento	deshinchado	inconsciente
ascendente	deshinchar	ascenso	asentir
descinchando	ascensión	consiente	descinchar

LECCIÓN 18

Hacer resúmenes

Seguramente en algunas ocasiones has tenido que exponer un tema en clase. Para ello es importante saber resumir. Como tú ya sabes localizar las ideas principales de un texto, no te será difícil elaborar los resúmenes.

> Un resumen es un texto abreviado en el que se ha dejado únicamente lo esencial de su contenido; **es decir, las ideas principales.**

Para elaborar un resumen:

1. Leemos con atención el texto.
2. Separamos en bloques de ideas.
3. Subrayamos las ideas principales.
4. Redactamos el resumen enlazando las ideas principales con los nexos correspondientes.

Observa el procedimiento.

LEUCEMIA O CÁNCER EN LA SANGRE

La leucemia es una enfermedad caracterizada por la proliferación anormal de leucocitos (glóbulos blancos) en la sangre. Se manifiesta por medio de diferentes síntomas, algunos de los cuales pueden ser: palidez, cansancio, inflamación de los ganglios linfáticos, fiebre, pérdida de peso y apetito, infecciones persistentes y hemorragias frecuentes. Se le conoce también como "cáncer en la sangre" y se diferencia de las demás neoplasias en que las células afectadas no forman tumores, sino que se alojan en la médula ósea, los ganglios linfáticos y el bazo.

Ya que hemos leído cuidadosamente el texto, separamos los bloques de ideas y subrayamos las ideas principales para hacer nuestro esquema.

La leucemia es una enfermedad caracterizada por la proliferación anormal de leucocitos (glóbulos blancos) en la sangre. / Se manifiesta por medio de diferentes síntomas, algunos de los cuales pueden ser: palidez, cansancio, inflamación de los ganglios linfáticos, fiebre, pérdida de peso y apetito, infecciones persistentes y hemorragias frecuentes. / Se le conoce también como "cáncer en la sangre" y se diferencia de las demás neoplasias en que las células afectadas no forman tumores, sino que se alojan en la médula ósea, los ganglios linfáticos y el bazo.

Hacemos ahora el esquema correspondiente.

Ideas principales	Ideas secundarias	Ideas complementarias
La leucemia es una enfermedad	caracterizada por la proliferación anormal de leucocitos.	(glóbulos blancos)
Se manifiesta por medio de diferentes síntomas.	Algunos pueden ser: palidez, cansancio, inflamación de los ganglios linfáticos, fiebre, pérdida de peso y apetito, infecciones persistentes y hemorragias frecuentes.	
Se le conoce también como "cáncer en la sangre"		
y se diferencia de las demás neoplasias*	en que las células afectadas no forman tumores	sino que se alojan en la médula ósea, los ganglios linfáticos y el bazo.

*Observa que en un mismo bloque encontramos dos ideas principales. Fíjate que son dos ideas unidas por el nexo "y".

114

Una vez clasificadas las ideas, hacemos el resumen leyendo en forma vertical la columna de las ideas principales. Nuestro resumen queda así:

LEUCEMIA O CÁNCER EN LA SANGRE

La leucemia es una enfermedad que se manifiesta por medio de diferentes síntomas. Se le conoce también como "cáncer en la sangre" y presenta diferencias con las demás neoplasias.

Un resumen puede variar en su extensión, pero debe contener siempre lo esencial del texto de que se trate, es decir, las ideas principales.

A Resume los textos que se presentan a continuación. Sigue el procedimiento que acabamos de desarrollar arriba. Emplea tu diccionario.

1. El charlatanismo científico.

La divulgación no empobrece ni traiciona el conocimiento, al contrario: lo hace accesible sin abaratarlo. En cambio, la vulgarización se da por la falta de preparación del público que es víctima de los charlatanes.

Muchos estudiosos no se dedican a la divulgación porque le temen a la vulgarización. Éste es un temor explicable, pero la experiencia demuestra que se puede evitar con relativa facilidad si se es leal con el conocimiento científico. No por darlo a entender se debe malbaratar. La mayor parte de los conceptos científicos que se manejan en la actualidad se pueden expresar en un lenguaje común.

La labor de divulgación es una de las mayores responsabilidades que tienen los científicos del mundo; y en México es especialmente prioritaria porque hay una gran carencia de ella.

Últimamente, en algunos programas de televisión han aparecido varios estudiosos hablando de sus investigaciones con una claridad envidiable. Éste es un ejemplo de lo que se puede hacer utilizando otros medios de expresión, es simplemente cuestión de perderle el miedo a la cámara para cumplir con esa responsabilidad que como científicos se tiene.

2. Las cooperativas escolares.

En la actualidad prevalece la idea de que las cooperativas son pequeñas empresas mercantiles porque se ha olvidado que en su origen, hacia 1937, su finalidad era eminentemente educativa. Este propósito sigue vigente en el actual Reglamento de Cooperativas Escolares donde se señala que éstas deberán "desarrollar entre los asociados el espíritu de auxilio mutuo, de iniciativa y de previsión al servicio de la colectividad, así como coordinar su actividad con los programas escolares en cada rama de la enseñanza".

Como se puede ver, dentro de estos objetivos, se da prioridad a dos aspectos: fomentar la solidaridad entre los miembros de la comunidad (en este caso, la escuela) y apoyar el desarrollo de los programas escolares. De hecho, las cooperativas pueden ofrecer a los alumnos la oportunidad de manejar los fondos comunes, lo que implica enfrentar una responsabilidad concreta, además de poner en práctica sus conocimientos matemáticos.

3. Martí en México.

José Martí estuvo en México un tiempo muy breve, menos de dos años. Sin embargo, su presencia se hizo sentir en las artes, la ideología y la política del momento.

El cubano recogió el impacto juarista y fue testigo del gobierno de Sebastián Lerdo de Tejada, a quien apoyó y cuya causa defendió. Luego del golpe caudillista de Porfirio Díaz decidió emigrar a Guatemala.

Pero México para Martí significó de muchas maneras una cadena de experiencias y de conocimientos. Aquí, el joven Martí se hace hombre, aquí es donde desarrolla con mayor ahínco sus ideas políticas y toma conciencia social. Aquí se forjará el gran latinoamericano. A cien años de su estancia en nuestro país se ha preparado la exposición MARTÍ EN MÉXICO, que a partir del 8 de agosto se exhibe en el Museo Nacional de Antropología. En ella se pretende ilustrar el paso de Martí por tierras mexicanas, entre 1875 y 1877. No es tan sólo un interés de presentar al joven que se va convirtiendo en periodista y llega a ser ensayista político y literario, sino que es también el deseo de dar a conocer la personalidad más humana de un luchador social de América.

LECCIÓN 19
Acentuación (repaso)

En los libros uno y dos estudiamos las reglas de acentuación. Tú ya sabes que las palabras se dividen en cuatro grupos de acuerdo con su acento.

agudas llevan el acento en la **última sílaba**				te	**lón**
graves, en la **penúltima**			di	**fí**	cil
esdrújulas, en la **antepenúltima**		te	**lé**	gra	fo
sobresdrújulas, en una sílaba anterior a la antepenúltima	en	**cár**	ga	se	lo

Además de la clasificación anterior, debes recordar otras clases de acentos que ya has estudiado antes;

- acentos diacríticos   (más-mas; él-el)
- acentos enfáticos   (qué-que; dónde-donde)

Si tienes dudas sobre ellos, es conveniente repasarlos en tus manuales 1 y 2, así como en la lección 6 de este libro.

OBSERVA:

> ca**na**rio   **cuen**to   **dia**blo   **pei**ne   **jau**la
> **pien**so   tre**gua**   **cuer**no   **pia**no   **vien**to

¿Qué tienen en común las sílabas en negritas? Por supuesto, tienen un diptongo.

LECCIÓN 19

RECUERDA: **Un diptongo es la unión de una vocal fuerte con una débil.**

vocales fuertes   **vocales débiles**
    a e o   i u

Si dividimos en sílabas las palabras de la página anterior

     ca-na-rio   cuen-to   dia-blo

nos damos cuenta de que las vocales del diptongo no se separan: forman una sola sílaba.

- Divide en sílabas el resto de las palabras.

ATENCIÓN:

     maestro   canoa   teorema   roedor
     ma-es-tro   ca-no-a   te-o-re-ma   ro-e-dor

En estas palabras no hay diptongo (dos vocales fuertes), por eso se separan las vocales en dos sílabas.

FÍJATE AHORA EN ESTAS OTRAS:

     ruido   viuda   ciudad   cuidado
     rui-do   viu-da   ciu-dad   cui-da-do

La unión de dos vocales débiles también forma un diptongo.

Es muy importante recordar todo esto para dividir correctamente las palabras al final de un renglón.

A   Subraya de rojo las palabras que tienen un diptongo. Después, divide en sílabas todas las palabras.

cuenca	sinuoso
toalla	bacalao
traer	acuario
gimnasia	mareo
polea	dualidad
diente	reata

ACENTUACIÓN (REPASO)

OBSERVA:

    almohada   ahuyentar
    al-mo-ha-da   ahu-yen-tar
    (no hay diptongo)   (si hay diptongo)

> Si hay una **h** entre dos vocales que forman diptongo, la **h** no se toma en cuenta para la división silábica.

B Trabaja como en el ejercicio A.

zanahoria _____	ahumado _____
cohete _____	ahorcar _____
prohibido _____	ahijado _____
ahorrativo _____	huir _____

Lo que hemos venido haciendo no sólo es importante para saber separar en sílabas las palabras, sino también para acentuarlas correctamente.

Si tienes dudas sobre los diptongos, resuélvelas con tus compañeros de equipo, antes de continuar.

OBSERVA:

    sabia-sabía   auto-aúlla
    sa-bia   sa-bí-a   au-to   a-ú-lla

> Cuando el acento cae en la vocal débil, el diptongo se destruye y la palabra lleva acento escrito.

LECCIÓN 19

C Coloca el acento en las palabras que deben llevarlo.

1. diario
2. tia
3. tahur
4. oido
5. llovia
6. lluvia
7. fantasia
8. Saul
9. buho
10. decencia
11. Maria
12. cansancio
13. alegria
14. aulla
15. aullido
16. bahia
17. baul
18. oimos
19. ahora
20. veniamos
21. ahuma
22. Raul
23. relojeria
24. mania

- Separa en sílabas las palabras anteriores. Usa tu cuaderno.

D En el siguiente texto omitimos los acentos. Colócalos.

Tienen el nombre   25 acentos

El Encarnacion Salvatierra ta seguro. Lo tiene su nombre, brilloso como una luciernaga. Todos averiguan que tiene semilla grande nomas de oir: Encarnacion Salvatierra. Hace malda y es respetado. Mata gente y nadie lo agarra. Roba muchacha y no lo corretean. Toma trago, echa bala y nomas se rie y todos se contentan. Por estos rumbos solo los endiablados tienen la semilla a salvo. Pero ahi esta el nombron que los cuida y los encamina. En cambio uno, por andar de cumplido y derecho tienen que estar todo lleno de enfermeda, con la barriga inflada por el hambre, con los ojos amarillos por la terciana; lo meten a la carcel y cuando lo sueltan ya ta muerta la nana Trinidad.... Ahi ta el Martin Tzotzoc: nunca mato, nunca robo, no !levo muchacha; nunca se metio en argüendes ¿y pa que? Solo pa quedar guindado de ese roble con los ojos chiboludos como de pescado y los dedos todos morroñosos; del coraje, digo yo. Los que tienen el nombre hagan malda, hagan pecado, todo les sale bien, todo les trae cuenta.

Eraclio Zepeda,
Benzulul.

ACENTUACIÓN (REPASO)

E Lee con atención el texto que sigue antes de colocar las comas y los acentos que hacen falta.

> 18 comas 29 acentos

Los que querian dormir no por cansancio sino por nostalgia de los sueños recurrieron a toda clase de metodos agotadores. Se reunian a conversar sin tregua a repetirse durante horas y horas los mismos chistes a complicar hasta los limites de la exasperacion el cuento del gallo capon que era un juego infinito en que el narrador preguntaba si querian que les contara el cuento del gallo capon y cuando contestaban que si el narrador decia que no habia pedido que dijeran que si sino si querian que les contara el cuento del gallo capon y cuando contestaban que no el narrador les decia que no les habia pedido que dijeran que no sino que si querian que les contara el cuento del gallo capon y cuando se quedaban callados el narrador decia que no les habia pedido que se quedaron callados sino que si querian que les contara el cuento del gallo capon y nadie podia irse porque el narrador les decia que no les habia pedido que se fueran sino que si querian que les contara el cuento del gallo capon y asi sucesivamente en un circulo vicioso que se prolongaba por noches enteras.

Gabriel García Márquez,
Cien años de soledad.

Ya sabemos que, en ocasiones, el uso de la coma es vacilante; puede ponerse o no, según el estilo de quien escribe. Comenta con tus compañeros de equipo y con tu maestro el empleo de las comas en los textos que estás trabajando.

F Coloca los acentos que hemos omitido en el siguiente texto.

Del panegírico   8 acentos

En Africa, cuando el rey de Dafur hace una cabalgata oficial, un panegirista galopa al frente y no cesa de gritar con alta e inteligible voz: "He alli al bufalo, al toro de los toros; los demas son apenas bueyes; el es el unico bufalo autentico".

Heinrich Heine,
en **El libro de la imaginación.**

- Vuelve a escribir el texto completo.

G En el siguiente texto omitimos los acentos, las comas y las mayúsculas. Colócalos.

> 10 comas
> 15 acentos
> 7 mayúsculas

los ocho hombres reposaban sobre la hierba aprovechando la brisa que a esa hora corria por el jardin. la sombra de un jazmin los protegia de los ultimos rayos de sol aquella tarde de verano. desde lejos podia verse que uno de esos hombres era tho. su afilada y larga barba blanca sus cabellos blancos algo mas escasos y largos que los de los demas hacian resaltar la figura del maestro.

como todos los dias a esa misma hora los discipulos habian acudido al jardin de tho con quien charlaban y bebian te mientras le iban haciendo innumerables preguntas sobre temas muy diversos.

Alfredo Bryce Echenique,
Tantas veces Pedro.

H Lee con atención el siguiente texto, antes de colocar las comas, acentos y mayúsculas que hemos omitido.

> 11 comas
> 18 acentos
> 7 mayúsculas

mayo era el primero de los meses buenos para los buques del comodoro elbers pero los meses buenos no eran los mejores para los champanes. el calor mortal las tempestades biblicas las corrientes traidoras las amenazas de las fieras y las alimañas durante la noche todo parecia confabulado contra el bienestar de los pasajeros. un tormento adicional para alguien sensibilizado por la mala salud era la pestilencia de las pencas de carne salada y los bocachinos ahumados que colgaron por descuido en los aleros del champan presidencial y que el ordeno quitar tan pronto como los percibio al embarcarse. enterado asi de

ACENTUACIÓN (REPASO)

que no podia resistir ni siquiera el olor de las cosas de comer el capitan santos hizo poner en el ultimo lugar de la flota el champan de avituallamiento en el que habia corrales de gallinas y cerdos vivos. sin embargo desde el primer dia de navegacion despues de comerse con gran deleite dos platos seguidos de mazamorra de maiz tierno quedo establecido que el no iba a comer nada distinto durante el viaje.

Gabriel García Márquez,
El general en su laberinto.

I Coloca los signos de puntuación y los acentos que se omitieron en el poema.

9 comas
2 punto y coma
1 signos de admiración
3 puntos
6 acentos

Para entonces

Quiero morir cuando decline el dia
en alta mar y con la cara al cielo
donde parezca un sueño la agonia
y el alma un ave que remonta el vuelo.

No escuchar en los ultimos instantes
ya con el cielo y con el mar a solas
mas voces ni plegarias sollozantes
que el majestuoso tumbo de las olas.

Morir cuando la luz triste retira
sus aureas redes de la onda verde
y ser como ese Sol que lento expira
algo muy luminoso que se pierde...

Morir y joven antes que destruya
el tiempo aleve la gentil corona
cuando la vida dice aun soy tuya
aunque sepamos bien que nos traiciona.

Manuel Gutiérrez Nájera,
en **Antología literaria de autores mexicanos.**

LECCIÓN 20
Escribir cartas

La carta es uno de los escritos que quizá más practicamos a lo largo de nuestra vida. Vamos, entonces, a trabajar con ella una vez más.

> Una carta se elabora a partir de una idea global, el tema y las ideas generales.

Lee con atención el ejemplo.

Idea global

El Instituto Nacional de Bellas Artes visitó tu secundaria con el objeto de difundir las obras de teatro que se exhiben en los teatros del bosque de Chapultepec. Un promotor ofreció un descuento del 50% en los boletos a las diez primeras escuelas que se presenten a partir de la fecha de la visita.

Tema de la carta

Solicitud del número de boletos que requiere tu escuela.

Ideas generales:
1. Saludo.
2. Motivo de la solicitud.
3. Recordatorio sobre el descuento.
4. Despedida.

Desarrollo de la carta:

Párrafo 1 (1 bloque de ideas)

Idea principal: Encabezado y fecha.

Instituto Nacional de Bellas Artes.
Sr. Lic. Efraín Mateos Arce.
Director General.
Presente.
                                       México, D.F. 24 de enero de 1994.

Párrafo 2 (1 bloque de ideas)

Idea principal: Nos dirigimos a usted para solicitar 600 boletos.

Estimado licenciado Mateos:
        El pasado 8 de enero del presente mes, visitó nuestra Escuela Secundaria No. 101, el señor Raúl Jiménez, promotor del INBA, para invitarnos a asistir a los diferentes teatros del Bosque de Chapultepec; por lo anterior, nos dirigimos a usted con el objeto de solicitar 600 localidades.

Párrafo 3 (3 bloques de ideas)

Idea principal: Recordatorio sobre el descuento.

El señor Jiménez nos ofreció un descuento del 50% en la adquisición de los boletos. Por lo tanto, éste es el precio que hemos tomado como base para la recaudación del dinero entre los alumnos. Además, deseamos solicitar a usted que, de ser posible, los boletos sean para la primera función del próximo sábado 12 de febrero.

Párrafo 4 (2 bloques de ideas)

Idea principal: Despedida.

Mucho agradecemos su atención a la presente y aprovechamos la ocasión para enviarle una afectuoso saludo.

                                              Atentamente.

A Escribe una versión nueva de la carta anterior. Haz cambios de estilo, agrégale otras ideas, etc. Ya que esté revisada, guárdala en tu carpeta de trabajos de redacción.

B Redacta las siguientes cartas a partir del tema y la idea global que se dan.

1. Tema

Compromiso con la escuela para asistir regular y puntualmente a las clases.

Idea global

Tu secundaria se conoce por la buena disciplina, el alto nivel académico, y la puntualidad de alumnos y profesores. Así que al iniciar cada ciclo escolar el director compromete a todo el plantel a conservar esas características.

Escribe tu carta en 3 párrafos:

       1. Saludo y elogio de las características de tu escuela.
       2. Compromiso con la escuela.
       3. Confirmación de tu nivel académico y despedida.

2. Tema

Reclamación por la descompostura de tu bicicleta.

Idea global

Le prestaste tu bicicleta a un amigo que te la entregó descompuesta.

Escribe tu carta en 4 párrafos:

       1. Saludo y recordatorio del préstamo de la bicicleta y de las condiciones en que ésta se encontraba.
       2. Reclamación por los daños sufridos.
       3. Petición de que se mande a arreglar la bicicleta.
       4. Despedida.

3. Tema

Solicitud de una beca a la SEP.

Idea global

Tus maestros coinciden en que tu promedio es bastante alto, por lo tanto, es posible que te otorguen una beca para continuar tus estudios.

Escribe tu carta en 3 párrafos.

> 1. Saludo. Referencia a tus buenas calificaciones y al hecho de que tú sabes que otorgan becas.
> 2. Solicitud de la beca.
> 3. Petición de respuesta y despedida.

Una vez más te recordamos que debes intercambiar tus trabajos con tus compañeros para hacer y recibir observaciones sobre redacción, estilo, etc. Revísalos con tu maestro y guárdalos en tu carpeta.

Recuerda cómo se rotulan los sobres.

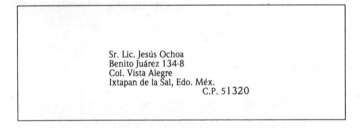

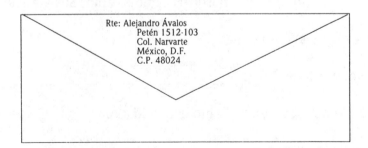

LECCIÓN 21

Verbos con S, Z y C

Lee con atención

Yo me **parezco** tanto a mi papá como a mi mamá.

Se portó tan mal que apenas estuvo bien el **pellizco** que le dio su mamá.

Dile que no **conduzca** tan rápido y que **reduzca** la velocidad.

Escribe los infinitivos de las palabras en negritas.

_____ , _____ , _____ y _____ .

RECUERDA: Los verbos terminados en **cer, cir** añaden una **z** en la primera persona del presente de indicativo y en todas las personas del presente de subjuntivo.
  parecer   traducir
  parezco **traduzco**

A Cambia como en el ejemplo:

Ejemplo: Luis agradece sus atenciones.
Yo agradezco sus atenciones.
Quieres que nosotros agradezcamos sus atenciones.

1. Elena no padece migraña.
   Yo _____
   Ojalá que ustedes _____

2. Jorge siempre conduce el auto con cuidado.
   Yo _____
   Tal vez ellos también _____

VERBOS CON S, Z Y C

3. Carlos enmudece de asombro.
   Yo
   Quiero que Estela

4. Luis reproduce bien la situación.
   Yo
   Quizá ellos

5. Marta no envejece rápidamente.
   Yo
   Tal vez tú

6. Él reduce el problema a una fórmula simple.
   Yo
   Quieren que nosotros

OBSERVA:

producir — produzco — producción

aparecer — aparezco — aparición

B Completa el cuadro.

traducir	traduzco	traducción
envejecer		
producir		
establecer		
inducir		
reducir		
agradecer		
conducir		

LECCIÓN 21

Lee con atención:

Quiero **pellizcar** a Julieta.
Esta es la época de ir a **pizcar** el algodón.

ATENCIÓN: Los verbos **pellizcar** y **pizcar** conservan la z de su infinitivo en todos los tiempos y personas.

C Vamos a formar familias de palabras. Une las palabras del cuadro siguiendo el ejemplo, y después escríbelas en las rayas.

pizcar	pizca	pellizco	confiscado
conducir	conduciendo	pescado	pellizcazo
pellizcar	pellizcado	ciscado	rasque
rascar	rascado	conduzco	pizcado
confiscar	confisco	favorecido	pescador
pescar	pesca	reconocido	ciscando
favorecer	favor	rascando	reconozco
reconocer	reconociendo	pizcando	favoreciendo
ciscar	cisco	confiscaron	conducido

pizcar
pizca
pizcando
pizcado

VERBOS CON S, Z Y C

RECUERDA: Es importante asociar las palabras con otras de su misma familia para recordar su ortografía correcta. No debemos olvidar que los compuestos y derivados conservan la ortografía de la voz primitiva.

Lee con atención:

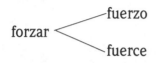

Las terminaciones de los verbos que llevan **z** en el infinitivo, conservan la **z** o la sustituyen por **c** antes de **e** o **i**.

D Vamos a completar la escalera de palabras escribiendo la letra que le falta. Después, escríbelas dos veces. Observa el ejemplo.

e	j	e	r	c	e	
r	e	f	u	e	r		o
f	u	e	r		e	
e	s	p	a	r		i	r
r	e	f	u	e	r		e
f	o	r		a	r	
e	s	p	a	r		e	
f	u	e	r		e	
r	e	t	u	e	r		o
e	j	e	r		e	r
t	u	e	r		o	
e	s	p	a	r		o	
r	e	f	o	r		a	r
z	u	r		i	r	
f	u	e	r		o	
r	e	t	o	r		e	r
z	u	r		o	
t	o	r		e	r	
z	u	r		e	
r	e	t	u	e	r		e
e	j	e	r		o	

131

E Organiza las palabras del ejercicio anterior en familias.

F Ahora vamos a conjugar los siguientes verbos en el presente y el pretérito de indicativo y en el presente de subjuntivo.
Sigue el ejemplo.

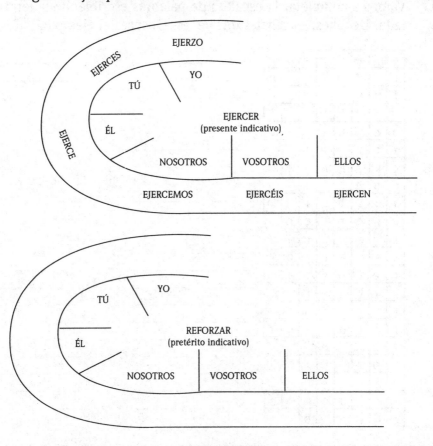

VERBOS CON S, Z Y C

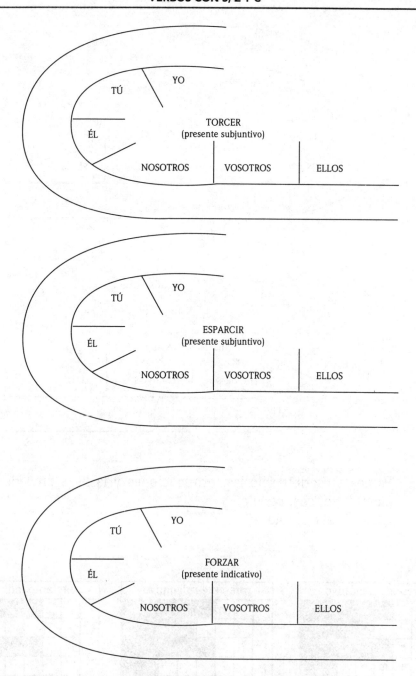

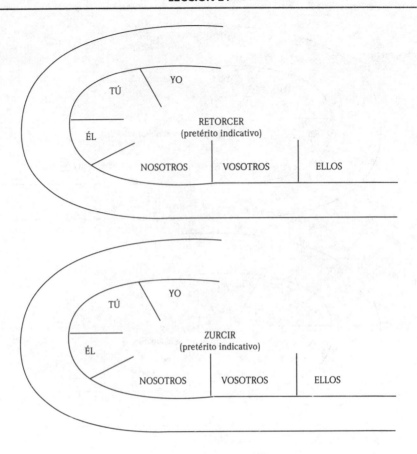

G Vamos a escribir sólo las terminaciones y la letra precedente. Así: ejercer: **zo, ces, ce,** etc.
Observa el ejemplo:

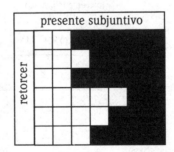

VERBOS CON S, Z Y C

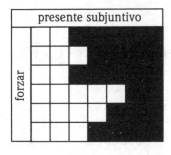
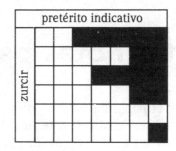
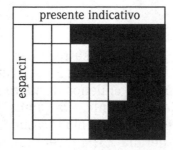

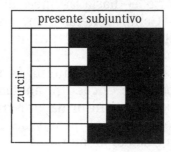
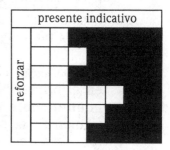

- Vuelve a escribir en tu cuaderno los verbos que hemos estado trabajando.

RECUERDA: Practicar nos ayuda mucho para tener buena ortografía.

LECCIÓN 22

Redactar notas periodísticas

Ahora vas a tomar el papel de un periodista. Sí, porque vamos a elaborar informes o notas periodísticas. Este tipo de escritos no tienen mayor dificultad que seguir un orden, requisito que tú puedes cumplir puesto que sabes ya estructurar un párrafo y darle coherencia y claridad.

Lee con atención.

El 23 de septiembre pasado se recordaron trece años de la muerte de Pablo Neruda, quien nació en Parral, Chile en 1904.
    Decenas de jóvenes chilenos desfilaron por el viejo Cementerio General de Santiago, y frente a la tumba del poeta corearon con el puño en alto: "Neruda, el pueblo te saluda."
    Toda la tarde del día 23 la juventud chilena leyó y releyó desde los versos de los primeros poemas de Neruda —"Canción de la fiesta" y "Crepusculario"— hasta las líneas más emotivas de la "Tercera Residencia" y el "Canto General", para conmemorar un aniversario más de tan notable figura de las letras hispanoamericanas.

Si separas en bloques la nota anterior te podrás dar cuenta de que en el primer bloque se encuentra anotada la fecha y el acontecimiento sobre el que se informa, mientras que en los bloques siguientes se mencionan el lugar y las actividades realizadas en torno al suceso que se conmemora.

RECUERDA: Puedes auxiliarte de las preguntas: ¿Cuándo? ¿Qué? ¿Por qué? ¿Cuál fue la duración?

A A continuación se proporcionan los datos de una conmemoración. Elabora una nota periodística a partir de ellos.

- 5 de mayo de 1994.
- Desfile militar y deportivo.
- Plaza de la Constitución.
- Batalla de Puebla de 1862.
- Duración del desfile: 10 a 14 horas.

B Trabaja los datos como en el ejercicio anterior.

- 15 de junio de 1994.
- Recital poético.
- Escuela Secundaria No. 164.
- Participaron alumnos de 1° A, 2° B y 3° C.
- Última hora del turno matutino y última hora del turno vespertino.

C Elabora una nota periodística con los datos que se dan. Agrega muchas ideas para que resulte muy completa.

- El día de ayer.
- Pleito entre dos pandillas.
- Esquina de la escuela.
- Varios heridos.
- Llegó la policía.
- Duración: dos horas.

D Elabora un informe periodístico sobre algún acontecimiento que hayas presenciado.

E Reúnan, trabajando en equipo, tres notas periodísticas de asuntos que resulten de su interés.
Hagan un cuidadoso análisis de ellas.
Revisen:

- La estructura de la nota.
- La ortografía.
- La redacción (el uso adecuado de los nexos, la ambigüedad, la claridad de las ideas, las palabras repetidas, etc.).

- Vuelvan a escribir las notas haciendo todas las correcciones necesarias.

LECCIÓN 23
Usos de Z

En los libros 1 y 2 estudiamos algunos usos de la **z**. Ahora vamos a conocer otros.

Lee.

Me parece que su novi**azgo** no durará mucho.

Fue un gran hall**azgo**.

ATENCIÓN: Las palabras que terminan en **azgo** se escriben con **z**.
Excepto: **rasgo**.

A Vamos a formar palabras con las sílabas del cuadro.

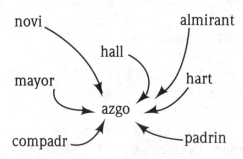

hallazgo

_____

_____

_____

_____

_____

_____

138

B Busca en tu diccionario las definiciones de las siguientes palabras. Escríbelas.
Ejemplo:

1.- almirante: Jefe superior de la marina.
almirantazgo: Dignidad de almirante y alto consejo de la marina de guerra.
vicealmirante: Grado inmediatamente inferior al del almirante.

2.- hartar:
hartazgo:
harto:

3.- padrino:
padrinazgo:
padrinazo:

4. compadre:
compradazgo:
compadraje:

5. hallar:
hallazgo:
hallarse:

6. novio:
noviazgo:
noviar:

¿Notaste que en las familias de palabras no está **mayorazgo**?

Bien, búscala en tu diccionario y explica por qué no la pusimos.

LECCIÓN 23

Lee con atención.

El domingo fuimos con los niños a la matiné. Vimos El rey**zuelo** y su ladron**zuela**. Nos la pasamos tan bien, que el próximo domingo vamos a ir a ver La gent**uza** escondió la port**ezuela**, a ver qué tal.

ATENCIÓN: Las terminaciones **zuelo, zuela** y **uza** (despectivos), así como **ezno** (diminutivo), se escriben con **z**.

C Completa con **zuelo, zuela** o **uza**, y vuelve a escribir la palabra.

porte _____   ladron _____   bribon _____

_____   _____   _____

gent _____   beste _____   reye _____

_____   _____   _____

escritor _____ actor _____   mujer _____

_____   _____   _____

D Escribe tres veces el diminutivo.

De oso   _____   _____   _____
De lobo   _____   _____   _____
De víbora   _____   _____   _____

• Escribe otra vez las palabras que acabas de formar.

Lee.

El director dijo: ahora les voy a pedir que pasen al frente a los alumnos que tuvieron el mejor aprovechamiento durante el año escolar que termina, ellos son Gutiérrez López Adriana y Méndez Ramírez José.

> Los apellidos que terminan en ez, se escriben con z.

OBSERVA que son derivados de nombres propios.

De Gutierre — Gutiérrez   Mendo — Méndez
    Lope — López   Ramiro — Ramírez

E Escribe el patronímico que corresponda.

1. De Gonzalo _____   6. De Pedro _____
2. De Álvaro _____   7. De Rodrigo _____
3. De Velasco _____   8. De Martín _____
4. De Benito _____   9. De Domingo _____
5. De Sancho _____   10. De Fernando _____

F Une con una línea cada nombre con su apellido.

Gutierre	Álvaro	Sánchez	Mendo	Ramiro
Pedro	Domínguez	Rodríguez		González
Ramírez	Velasco	Martín	Lope	Rodrigo
Fernando	Gonzalo	Benito		Fernández
Álvarez	Benítez	Méndez	Domingo	Pérez
Gutiérrez	López	Velásquez	Martínez	Sancho

G Escribe en una lista ordenada alfabéticamente todos los apellidos que tengan una zeta, de los compañeros de tu salón. Toma en cuenta los dos apellidos.

LECCIÓN 24
Escribir otras notas periodísticas

En esta lección continuamos con nuestra labor de periodistas.

Lee atentamente.

El Departamento de Literatura Dramática y Teatro de la Facultad de Filosofía y Letras, en coproducción con el Teatro de la Nación, estrenó el día 4 de septiembre la obra "No es Cordero... que es Cordera" del gran poeta español León Felipe.
    Este estreno es un homenaje de los universitarios no sólo al poeta, sino al hombre de teatro, que a los 16 años dirigía el Teatro de Estudiantes de Santander.
    Los actores son pasantes y estudiantes de la carrera de Arte Dramático, la mayoría de ellos ya con experiencia profesional. La dirección está a cargo del maestro Néstor López Aldeco. El diseño de escenografía y vestuario es de Manuel Sánchez Santoveña. La música y las canciones de la obra fueron compuestas por el maestro Leonardo Velázquez.
    La obra se presenta en el Teatro de la Unidad Independencia, ubicado en San Jerónimo Lídice, de la ciudad de México, a las 8:00 p. m., jueves, viernes, sábados y domingos.

La lectura del texto anterior nos permite deducir el orden en que se escriben los datos que se necesitan para elaborar una nota sobre una obra de teatro.

        1. La dependencia organizadora.
        2. La fecha.
        3. La obra.
        4. Un comentario sobre la obra.
        5. Los créditos, el reparto y el montaje.
        6. Lugar y horario de la presentación.

A Organiza los datos y redacta la nota correspondiente.

- 26 de noviembre de 1994.
- Obra con cinco años de representaciones por la temática tan actual: el machismo.
- Compañía de Teatro Independiente.
- Teatro Coyoacán.
- "Rosa de Dos Aromas".
- Ana Bertha Espín, Gina Romand. Dir. Martha Luna.

B Revisa la cartelera de espectáculos que se publica en el periódico. Toma los datos de dos de ellos, puede ser uno de danza y otro de cine, y realiza las notas correspondientes.

C Asiste al teatro o a un evento cultural de tu localidad y escribe un reporte sobre el espectáculo que hayas visto.

Verbos con Z y S

Lee con atención.

Necesito tra**ducir** este artículo y yo no **traduzco** del francés.

Luis quiere con**ocer** a Laura. Invítala para que la **conozca**.

Josecito dice que todos podemos ren**acer**, y que cuando él **renazca** quiere ser Batman.

Los niños se pueden par**ecer** a su papá o a su mamá, ojalá que Vero se **parezca** a su mamá.

ATENCIÓN: Los verbos terminados en **acer**, **ecer**, **ocer** y **ucir** se escriben con **z** en las terminaciones de la 1ª persona del singular del presente de indicativo y en todas las del presente de subjuntivo.
Excepciones:
cocer, **hacer**, **mecer**.

A Escribe dos oraciones.

Ejemplo:

(reconocer)
Deberíamos decir la verdad y reconocer lo que hicimos.

Yo por mi parte reconozco que actuamos mal.

VERBOS CON Z Y S

1. (conducir)

2. (envejecer)

3. (producir)

4. (complacer)

5. (deducir)

6. (pertenecer)

7. (crecer)

Ahora vamos a trabajar las excepciones.

LECCIÓN 25

B Resuelve el crucigrama.

horizontales

1. 3ª persona del singular del presente de indicativo del verbo hacer.
3. 3ª persona del plural del presente de subjuntivo del verbo mecer.
6. 1ª persona del plural del presente de indicativo del verbo cocer.

verticales

2. 1ª persona del plural del presente de subjuntivo del verbo cocer.
4. 2ª persona del singular del presente de indicativo del verbo mecer.
5. 3ª persona del singular del pretérito de indicativo del verbo mecer.

• Escribe las palabras del crucigrama.

_____ _____ _____
_____ _____ _____

C Completa con alguna de las formas verbales del crucigrama.

1. Es importante que _____ muy bien la carne de puerco para evitar enfermedades.
2. La niña se _____ demasiado fuerte, por eso se cayó.
3. ¿Te mareas si te _____ en la hamaca?
4. Rogelio _____ la tarea rapidísimo.
5. Siempre _____ las verduras al vapor o en poca agua, porque así conservan mejor las vitaminas.
6. No les permito que se _____ tan fuerte, ya que son chiquitos y pueden lastimarse.

146

VERBOS CON Z Y S

D Organiza grupos con las formas verbales del cuadro.

hago	mezan	cuece	mecéis	cozamos	hagáis
mecen	hagan	hacéis	cozáis	mezas	cueza
cocéis	mezo	hagamos	mezamos	cuezo	haga
hacen	cocemos	mece	cuezan	mecemos	cueces
meza	hace	meza	cuecen	hacemos	haga
hagas	meces	cuezas	haces	mezáis	cueza

Presente de Indicativo

Presente de Subjuntivo

147

LECCIÓN 25

Lee con atención.

En el noticiero **precisaron** que **paralizaron** Ferrocarriles Nacionales por lo que sucedió anoche.

Nos **avisaron** por teléfono que ya **agonizó**.

Ana se **aterroriza** con esas películas.

Dijo que **guisarían** algo muy elaborado.

Escribe los infinitivos de los verbos en negritas.

_____ _____ _____
_____ _____

Anota las terminaciones: _____ e _____.

ATENCIÓN: Los verbos terminados en **izar** conservan la z del infinitivo antes de a y z. Los verbos terminados en **isar** conservan la s.

E Cambia las oraciones, empleando los tiempos verbales que se dan.

Ejemplo:

Presente Ind.   Yo **organizo** todos lo eventos.
Pretérito Ind.   Yo **organicé** todos los eventos del mes.
Futuro Ind.   **Organizaré** los eventos.
Pretérito Subj.   Si **organizara** los eventos, lo haría bien.

1. Analizan la situación con más detenimiento.

_____
_____
_____

2. Juan cotiza los precios del material.

3. Él siempre nos avisa.

4. La maestra precisa el significado de cada término.

5. Ellos organizan el campamento estudiantil.

F Escribe un infinitivo relacionado con la palabra que se da.
Ejemplo: cabeza — encabezar

teatro _____	amenaza _____
proceso _____	reembolso _____
piso _____	estéril _____
legalidad _____	televisión _____
aterrizaje _____	rival _____

G Relaciona las palabras con su significado.
Cuando se trate de una forma verbal (vb) sólo tendrás que relacionarla con su infinitivo.
Usa tu diccionario.

(1) Abrasar   ( ) Haber.

(2) Abrazar   ( ) Casualidad, caso fortuito.

(3) Haz (vb)   ( ) Rizar.

(4) Has (vb)   ( ) Formar causa, proceder judicialmente contra alguien.

(5) Asar   ( ) Mueble con tabla lisa, con una o varias patas que la sostienen, que sirve para comer, escribir, jugar, etc.

(6) Azar   ( ) Movimiento de la boca y otras partes del rostro que demuestra alegría.

(7) Encausar   ( ) Hacer.

(8) Encauzar   ( ) Cocer a fuego directo.

(9) Mesa   ( ) Supremo, altísimo.

(10) Meza (vb)   ( ) Jugo de las hierbas, flores y frutas que se saca exprimiéndolas.

(11) Risa   ( ) Mecer.

(12) Riza   ( ) Abrir cauce.

(13) Sumo   ( ) Ceñir o estrechar con los brazos.

(14) Zumo   ( ) Reducir a brasas.

VERBOS CON Z Y S

H Escribe en tu cuaderno el significado de las siguientes voces homófonas. Usa el diccionario.

1. sueco — zueco
2. tasa — taza
3. ves (vb) — vez
4. seta — zeta
5. caso (vb) — cazo
6. rasa — raza
7. verás (vb) — veraz
8. rebosar — rebozar
9. losa — loza
10. haz — has
11. casar — cazar
12. resumen — rezumen (vb)

I Organiza los siguientes verbos en dos columnas. Elige dos de cada una de ellas y escribe su conjugación.

fracasar	enlazar	encabezar	progresar
despedazar	repasar	pisar	agilizar
arrasar	amenazar	traspasar	hospitalizar
envasar	disfrazar	trazar	engrasar

zar   **sar**

LECCIÓN 26
Elaborar guiones de ideas

¿Tú sabes hacer "acordeones? Pues, fíjate, un guión de ideas es como un acordeón, puesto que contiene las ideas centrales, las más importantes de un texto; es decir, las claves que contienen la información básica para poder reconstruir un texto o para explicar un tema a partir de ellas. Un guión de ideas es, pues, una especie de esquema de trabajo para desarrollar un tema.

> Llamamos **guión de ideas** al conjunto de las ideas centrales de un texto. Lo empleamos para registrar lo más importante de un texto leído, para resumir una lectura con el objeto de preparar un examen o para utilizarlo de guión en una exposición oral.

Recuerda que saber resumir, sintetizar o elaborar un guión de ideas te facilita el estudio.

Lee con atención este ejemplo tomado de un diccionario.

HISTORIA DEL PUERTO DE ACAPULCO

Acapulco, México. Puerto de la costa del Pacífico, en el estado de Guerrero. En 1550 llegaron aquí los primeros españoles y mestizos para fundar la ciudad, título que le fue concedido por Felipe II y ratificado por Carlos IV el 28 de noviembre de 1799.

Acapulco ha sido escenario de sucesos muy importantes para la historia de México. En 1743, el corsario inglés Jorge Anson atacó el galeón de la Covadonga. En 1792, partieron de ahí las naves de Juan Francisco de la Bodega y Cuadra, quien marcó los límites del Imperio Español en la línea de los 40°.

El 1° de marzo de 1854 se proclamó en Ayutla, Gro., el plan que desató la guerra contra la última etapa dictatorial del General Antonio López de Santa Anna; el día 11 del mismo mes la guarnición de Acapulco se adhirió al movimiento y dejó en manos de Ignacio Comonfort la gubernatura del puerto y la jefatura provisional de las Fuerzas Armadas. Comonfort hizo varios cambios al Plan de Ayutla en Acapulco, como utilizar la expresión "instituciones liberales" en lugar de "instituciones republicanas".

Ya en nuestro siglo, en 1927, el presidente Plutarco Elías Calles ordenó dinamitar el último obstáculo que había para construir la carretera México-Acapulco. En 1928 se creó una pista de aterrizaje, y en 1929 se inauguró el transporte aéreo de pasajeros; con estos hechos se refrenda la importancia del Puerto en las comunicaciones (en tiempos coloniales, la nao de China navegaba anualmente entre Acapulco y Manila, Filipinas, para llevar al Oriente plata y traer porcelana, hierro, seda y especias).

Acapulco es un centro de veraneo famoso en todo el mundo, pues disfruta todo el año de un clima soleado, con temperaturas que oscilan alrededor de los 27°C; además, cuenta con hermosas playas arenosas a lo largo de 16 km de su costa. Numerosos hoteles de lujo recortan su silueta contra el fondo majestuoso de altas montañas y de ondulantes cocoteros. Cada noche se ofrece un espectáculo turístico en La Quebrada, sitio en el que los clavadistas emocionan a los visitantes lanzándose al mar desde una altura de 45 m., incluso poniendo en peligro sus vidas.

Además de estar comunicado por mar, Acapulco tiene un aeropuerto internacional y está unido por una excelente carretera con la ciudad de México.

Diccionario Ilustrado de Nuestro Mundo.

Podemos suponer que el texto anterior se redactó a partir de un guión de ideas semejante a éste:

HISTORIA DEL PUERTO DE ACAPULCO

1. Puerto mexicano situado en el Pacífico, estado de Guerrero, y fundado en 1550.
2. En 1743 Jorge Anson atacó el galeón de la Covadonga.
3. En 1792 Bodega y Cuadra marcó los límites del Imperio Español.
4. En 1854 se proclamó el Plan de Ayutla.
5. En 1927 Plutarco Elías Calles ordenó construir la carretera. México-Acapulco.

6. En 1928 y 1929 se creó una pista de aterrizaje y se inauguró el transporte aéreo para pasajeros.
7. Es el lugar más visitado por el turismo nacional y extranjero a causa de su clima y de su belleza natural.

Como te habrás dado cuenta, para elaborar un guión de acciones, existe también un procedimiento. Observa que el guión debe ser muy sintético y seguir un orden de ideas muy estricto.

- En primer lugar aparece la situación geográfica de Acapulco, así como el año de su fundación.

- En seguida se presenta una serie de datos históricos en riguroso orden cronológico.

- Finalmente se dan las referencias a la actualidad y otros aspectos de interés para el lector.

A Lee con atención el siguiente texto, y escribe el correspondiente guión de ideas.

CAPÍTULO XX

Pérdidas en España. Pérdida de las batallas de Ramillies y de Turín, y sus consecuencias.

Una de las primeras hazañas de las tropas inglesas fue tomar Gibraltar, que, con razón, se tenía por inexpugnable. Larga cadena de rocas escarpadas impiden que sea accesible por tierra, y carece de puerto. La bahía, estrecha, insegura y tempestuosa expone a los buques que andan en ella a las tempestades y a la artillería de la fortaleza y del muelle: los habitantes de la ciudad bastaban para defenderla de mil buques y de cien mil hombres. Pero eso mismo fue la causa de que lo tomaran. Contaba sólo con cien hombres de guarnición, número que hubiera sido suficiente, si no hubieran descuidado el servicio, que creían inútil. El príncipe de Hesse debía desembarcar con mil ochocientos soldados en el istmo situado al norte, detrás de la ciudad; pero por aquella parte las rocas escarpadas hacen la ciudad inatacable, y la armada disparó inútilmente quince mil cañonazos; pero al fin varios marineros, como por diversión, se acercaron con sus barcas hasta el muelle, donde la artillería enemiga debía haberlos abrasado, pero la artillería no hizo fuego.

Escalaron el muelle, y al verlos allí, los siguieron los soldados, y la ciudad inexpugnable se vio obligada a rendirse el 4 de agosto de 1704. Desde entonces Gibraltar pertenece a los ingleses. España, convertida de nuevo en potencia bajo el gobierno de la princesa de Parma, segunda mujer de Felipe V, y victoriosa después en África y en Italia, ve todavía con dolor impotente a Gibraltar en manos de una nación septentrional, cuyos barcos apenas frecuentaban, hace dos siglos, el mar Mediterráneo.

El siglo de Luis XIV (II),
Voltaire.

B Elabora un guión de acciones sobre esta información de Biología.

TEMA II. Breve estudio de las Criptógamas.

En el tema anterior se ha señalado que, además de las Fanerógamas, caracterizadas fundamentalmente por poseer órganos reproductores incluidos en estructuras especiales (las flores), existen otras plantas no menos importantes, las Criptógamas, carentes de flores y provistas de órganos reproductores poco aparentes. La mayoría de ellas no posee raíz, tallo ni hojas, pero pueden tener una estructura cuya apariencia pudiera compararse con estos órganos. Sólo las Pteridofitas, grupo al que pertenecen los helechos, poseen raíz, tallo y hojas, semejantes a los que se observan en las plantas superiores; los demás grupos de Criptógamas están formados por una o muchas células, que no constituyen verdaderos tejidos.

En forma elemental, se pueden dividir en tres grupos: Pteridofitas, Briofitas y Talofitas. A las Pteridofitas pertenecen los helechos, colas de caballo, licopodios y equisetos; en las briofitas se incluye a los musgos y a las hepáticas; en las Talofitas, se considera a los hongos, todos los grupos de algas y las bacterias.

Biología. Segundo Curso,
Oscar Sánchez y Salvador Lima.

Ya hemos dicho que un guión de ideas nos es de utilidad para preparar un examen o para exponer un tema; también lo empleamos para presentar una ponencia.

LECCIÓN 26

> Una **ponencia** es una propuesta o proyecto que se presenta en una asamblea para ser discutido por todos.

Supongamos ahora que tú eres uno de los ponentes que participará en las mesas organizadas con motivo de la Semana de la Ecología. Tu tema es "La educación ambiental y la separación de la basura".

En este momento, lo primero que tienes que hacer es elaborar un guión de ideas, para después desarrollarlo punto por punto. Es decir, vas a hacer exactamente lo contrario de lo que hicimos en las prácticas anteriores.

A continuación tenemos un ejemplo de un guión de ideas.

1. Saludo, presentación y agradecimiento al auditorio.
2. Nombre y justificación del tema.
3. ¿Qué es la educación ambiental?
4. Reciclaje de basura. Productos reciclables y no reciclables.
5. Importancia de la separación de la basura.
6. Procedimiento para separar la basura.
7. Conclusión, despedida y agradecimiento.

Tu ponencia podría redactarse de la siguiente manera.

Buenas tardes amable auditorio. Mi nombre es Eduardo Robledo y pertenezco al grupo 3°C de la Escuela Secundaria 135. Aprovecho este espacio para agradecer públicamente a los compañeros de mi grupo por haberme seleccionado para participar en la Semana de la Ecología, evento que, como ya es costumbre, nuestra escuela realiza cada año.

Para esta ocasión elegí el tema "La Educación ambiental y la separación de la basura", dado que hemos constatado el interés tan grande que despierta actualmente entre toda la población, así como los positivos resultados obtenidos una vez que se adquiere conciencia sobre estas cuestiones.

LA EDUCACIÓN AMBIENTAL Y LA SEPARACIÓN DE LA BASURA

Actualmente ya ninguna persona puede ignorar frases como "índices de contaminación", "calidad del aire", "reciclar", "productos biodegradables", etc. ¿Por qué? Simplemente porque nos encontramos en un momento en que hemos tomado conciencia de la gran destrucción que han sufrido nuestros recursos naturales en las últimas décadas. Por lo tanto, es sumamente importante analizar las diversas situaciones y proponer acciones por medio de las cuales podamos participar activamente para mejorar, puesto que "activamente participamos" para perjudicar nuestro ambiente.

Hay una medida práctica, inmediata y relativamente fácil: la separación de la basura, que permite rescatar los productos reciclables, y también darle utilidad a la basura orgánica.

La bióloga Patricia Coq, con base en una convención establecida por la ONU, ideó el procedimiento para separar la basura en las escuelas. Se trata de colocar en cada salón cuatro cajas forradas o pintadas con los siguientes colores:

- ROJO   Productos tóxicos (plásticos, pilas, pañales, etc.).

- BLANCO   Productos de vidrio (envases, botellas, etc.).

- GRIS   Productos de metal.

- VERDE   Productos orgánicos (periódico, restos de comida).

Mis compañeros y yo consideramos que si cada uno de nosotros toma conciencia del problema y adoptamos esta sencilla medida en las escuelas, estaremos realizando una aportación en pro del mejoramiento ambiental.

No me queda ya más que despedirme de ustedes y agradecerles su amable atención a estas palabras.

C Redacta una ponencia a partir del siguiente guión, con el tema "La reprobación en la Secundaria".

1. Saludo, presentación y agradecimiento al auditorio.
2. Nombre y justificación del tema.
3. ¿Qué es un examen? ¿Para qué sirve?
4. Índice de reprobación de las materias de tercero de secundaria.
5. Principales causas de reprobación: distracción, apatía y falta de hábitos de estudio.
6. Principales consecuencias: deserción, estancamiento, desempleo.
7. Posibles soluciones: mayor participación durante las clases, asesorías constantes, motivación familiar y escolar, cursos de regularización.
8. Conclusión, despedida y agradecimiento.

Elabora tu trabajo, revísalo, cuida la ortografía y, una vez que haya sido evaluado por tu maestro o tus compañeros, añádelo a tu carpeta de ejercicios de redacción.

LECCIÓN 27

Acentuación y puntuación (repaso)

A En esta lección continuaremos revisando la acentuación y los signos de puntuación que tú ya conoces. Lee los textos con detenimiento y, valiéndote de las reglas, coloca las mayúsculas y los signos de puntuación que hemos omitido.

> 21 acentos
> 13 mayúsculas
> 14 comas
> 1 punto y coma
> 1 dos puntos

el tapiz titulado "la dama del unicornio" me ha conmovido por razones que no me pondre a enumerar aqui. pero cuando cruce la frontera entre checoslovaquia y polonia era un mediodia de verano. la linea ideal cruzaba un campo de centeno maduro tan rubio como la cabellera de los jovenes polacos tenia la suavidad un poco mantecosa de polonia de la que yo sabia que a lo largo de la historia fue siempre herida y compadecida. estaba con otro muchacho expulsado por la policia checa como yo pero lo perdi de vista muy pronto quiza se perdio tras un bosquecillo o quiso abandonarme desaparecio. este campo de centeno estaba bordeado por el lado polaco por un bosque cuyo lindero no eran sino abedules inmoviles. por el lado checo por otro bosque pero de abetos. estuve mucho tiempo acurrucado al borde preguntandome atentamente lo que ocultaba este campo que aduaneros esconderia el centeno si llegaba a atravesarlo. liebres invisibles debian de recorrerlo. estaba inquieto a mediodia bajo un cielo puro la naturaleza entera me ofrecia un enigma y me lo ofrecia con suavidad.

Jean Genet,
Diario del ladrón.

B Lee con atención las dos primeras estrofas del siguiente poema. Observa el uso de los signos de puntuación y reflexiona sobre su empleo. Coloca los signos que faltan en el resto de las estrofas.

Algunas veces, al mirarte,
un filo claro de ternura
me hiere agudamente, me divide,
abre mi corazón hasta las lágrimas.

Cuando te esfuerzas toda
por ser feliz y hacernos felices,
y mueves las sutiles herramientas
de la perfecta gracia.

> 5 comas

Entonces frente a la amargura
frente al dolor que llevas que llevamos
conmueves como a una solitaria
llama de veladora que quisiera
calentarnos de noche.

> 6 comas
> 2 punto y coma

y la ternura nítida me obliga
a querer abrazarte protegerte
guardarte por absurda y débil
contra mi corazón cubrirte
con mis manos convirtiéndome
yo solo al mismo tiempo
en tu padre y tu madre y en tu hijo
mayor el que te vela cuando duermes.

El manto y la corona,
Rubén Bonifaz Nuño.

C Coloca los signos de puntuación que hemos omitido en el texto que sigue.

> 6 guiones largos
> 2 signos de interrogación

Un huevo

Un viajero encuentra en el campo a un personaje con una cabeza completamente lisa como un huevo, sin un solo rasgo. Aterrorizado sube a una carreta y le pide al campesino que arree el caballo de inmediato.
 —Qué pasa —le pregunta el campesino.
 —Fue que vi a un hombre que tenía el rostro liso como un huevo.
 —Entonces —respondió el campesino volviéndose—, ¿tenía el mismo rostro que yo?

Anónimo japonés,
en **El libro de la imaginación.**

D En el siguiente texto omitimos los acentos y signos de puntuación. Lee atentamente el texto y colócalos.

> 26 acentos
> 20 guiones largos
> 4 signos de admiración
> 3 signos de interrogación

El niño y el gato

 —Si tengo una piedra y se la tiro a alguien, ¿seré poderoso? —preguntó el niño.
 —Si sabes cómo tirarla, sí —dijo el sofócrata.
 —De nada le servirá si otro tiene una más grande —dijo el cratósofo.
 —Oh —protestó el sofócrata—, no intentes obsesionar al chaval con el problema de la fuerza.
 —¡Oh! ¡Oh! ¡Oh! —protestó el cratósofo—, no intentes tú alienarlo con el mismo tema disfrazado de cántico a la ciencia.
 El niño estaba un poco asustado pero optó por tirarle la piedra al gato.
 —¿Ves cómo huye? ¡Tienes más poder que el gato! —dijo el sofócrata.
 —Siempre serás un mentecato —objetó el cratósofo. Y reprochó

al chaval: Eres mas listo que el gato, que ganas tirandole una piedra

No estoy seguro   dijo el niño.   No creo saber mas que el gato.

Josep-Vicent Marqués,
Amores Imposibles.

E Coloca los signos de puntuación que se te solicitan.

> 28 comas
> 23 acentos
> 5 dos puntos
> 1 signos de interrogación

Recuerda que también acentuamos las mayúsculas.

Me acuerdo no me acuerdo   que año era aquel Ya habia supermercados pero no television radio tan solo Las aventuras de Carlos Lacroix Tarzan El Llanero Solitario La Legion de los Madrugadores Los niños Catedraticos   Leyendas de las calles de Mexico   Panseco   El Doctor I Q   La Doctora Corazon desde su Clinica de Almas. Paco Malgesto narraba las corridas de toros   Carlos Albert era el cronista de futbol   el Mago Septien   trasmitia el beisbol. Circulaban los primeros coches producidos despues de la guerra   Packard Cadillac Buick   Chrysler   Mercury   Hudson   Pontiac   Dodge   Plymouth   De Soto. Ibamos a ver peliculas de Errol Flynn y Tyrone Power   a matines con una de episodios completa   La invasion de Mongo era mi predilecta. Estaban de moda Sin ti   La rondalla   La burrita   La mucura   Amorcito Corazon. Volvia a sonar en todas partes un antiguo bolero puertorriqueño   Por alto este el cielo en el mundo   por hondo que sea el mar profundo no habra una barrera en el mundo que mi amor profundo no rompa por ti.

José Emilio Pacheco,
Las Batallas en el Desierto.

RECUERDA: Resulta muy conveniente leer a buenos escritores y analizar el empleo que hacen de los signos de puntuación.

LECCIÓN 28

Escribir informes

Después de haber trabajado en la elaboración de notas periodísticas, ahora vamos a escribir informes. Un informe es un escrito que se hace con el objeto de enterar a la persona a quien va dirigido de algún asunto en curso.

Es frecuente oír en las oficinas y dependencias oficiales y privadas la queja de que nadie sabe redactar bien los informes de actividades. Es por eso que en esta lección nos vamos a ocupar de la redacción de esta clase de escritos que frecuentemente necesitaremos elaborar en nuestra vida futura, ya sea en la escuela o en nuestro trabajo.

> Un **informe** es una exposición que se hace, en forma oral o por escrito, del estado de una cuestión, de lo que conviene hacer en ella, etc. El informe puede ser periódico (semanal, mensual, anual, etc.) y sirve para darse cuenta del desarrollo y avance de una actividad, investigación o trabajo que se está realizando.
> Un informe también puede ser sobre una persona o un asunto concreto; en este caso no es un escrito periódico, se hace una sola vez.

Lee con atención el ejemplo de informe mensual que un jefe de grupo envía a los demás representantes y a las autoridades de la escuela, sobre una revista que se realiza en el plantel.

Distinguidas autoridades,
Estimados compañeros,

Este mes de octubre tengo varias noticias que comunicar a ustedes con respecto a la próxima aparición de nuestra revista.

Empezaré señalando que la revista ya tiene un nombre definitivo, se llama UMBRAL. En cuanto a su periodicidad, el equipo de colaboradores dirigido por el profesor Roberto Santacruz, decidió que UMBRAL sea una publicación bimestral, con el fin de contar con el tiempo necesario para poder seleccionar cuidadosamente el material que los compañeros nos hacen llegar por medio del "Buzón Escolar".

Por otra parte, ya están definidas las secciones de que se compondrá UMBRAL. Estas son:

I. La noticia del mes. En esta sección se publicará el suceso que resulte de mayor importancia en la escuela, como puede ser un reconocimiento o premio a algún miembro de nuestra comunidad.

II. El tema del mes. Se incluirá aquí aquel tema que sea trascendente para todo el alumnado de la escuela.

III. La sección humorística, en donde publicaremos las colaboraciones de nuestros compañeros, ilustradas por ellos mismos.

IV. La entrevista del mes. Esta sección se dedicará a registrar las conversaciones que para este fin sostengan nuestros colaboradores con diferentes personalidades relacionadas con nuestra escuela.

V. La sección literaria. Incluiremos aquí cuentos, poemas y ensayos producidos por nuestros compañeros más destacados en la creación literaria.

VI. La sección recreativa. En ésta podremos encontrar diversos juegos (crucigramas, sopas de letras, laberintos, etc.), chistes y anécdotas de sucesos ocurridos en nuestra comunidad.

Por último, deseo informar a ustedes quiénes son los compañeros que actualmente colaboran en UMBRAL:

- Director. Profesor Roberto Santacruz.
- Subdirector. Jaime Rodríguez de 3° B.
- Jefe de redacción. Teresa Salazar de 2° C.
- Fotógrafo. Carlos Acosta de 3° A.
- Reporteros. Leopoldo Falcón y Valeria Aceves de 2° A.

En el informe del mes próximo presentaremos a ustedes tres trabajos correspondientes a cada sección con el objeto de recibir sus opiniones al respecto, antes de su publicación, y de que haya tiempo para incorporar sus observaciones y enriquecer así el contenido del primer número de la revista UMBRAL.

Muchas gracias por su atención.

Lo que acabamos de leer es un ejemplo de informe escrito y leído posteriormente en público.

Observa el desarrollo y la secuencia de la exposición. El informe debe:

1° Situarse en el tiempo y en el espacio. (Octubre en la secundaria.)
2° Indicar el tema principal. (Avance de la revista.)
3° Anotar datos precisos. (Secciones y contenidos. Colaboradores.)
4° Proporcionar uno o varios datos sobre aquello que se tratará en el siguiente informe.

A Redacta un informe sobre el proceso que han seguido tú y tus compañeros de equipo para presentar una maqueta de Física. Emplea los siguientes datos:

- El informe es semanal (5ª semana).
- La maqueta va a participar en un concurso de la zona escolar.
- El tiempo para prepararla es de seis semanas.
- El tema a desarrollar es "Los vasos comunicantes".
- Los integrantes del equipo son seis y cada uno desempeña una función bien delimitada en este trabajo.

Lee con atención el ejemplo siguiente.

En la temporada de futbol 93-94 el equipo de "Las Águilas" mostró una línea ascendente tanto en su preparación como en su desempeño en la cancha, ya que de los 36 encuentros que sostuvo, ganó 20, empató 10 y sólo perdió 6, lo que le dio un total de 50 puntos.

Es importante señalar que los 20 juegos ganados se llevaron a cabo en la cancha del equipo, lo que significa que se debe preparar para los partidos que deberá jugar fuera de ella.

En lo que se refiere al comportamiento de los jugadores, deseamos mencionar que fueron sancionados 5 del cuadro titular y 3 de las reservas.

Los principales anotadores continúan siendo Ernesto Godínez (23 goles), Antonio Ramírez (20 goles) y Saúl Farías (18 goles).

Los datos anteriores revelan el espíritu ofensivo del equipo que esperamos conservar y —si es posible— incrementar en la próxima temporada.

El anterior es un ejemplo de informe que podría corresponder a las actividades anuales de un equipo de futbol. Observa el orden de la exposición, la situación, el tema principal, así como de los datos precisos y las expectativas.

B Redacta el informe de las actividades preparatorias de la Selección Mexicana del deporte que prefieras para las próximas Olimpiadas. Toma los datos de periódicos y revistas. Consulta a tus profesores de Español y de Deportes.

C Imagina que eres el empleado de una librería. Realiza el informe sobre los libros de texto que llegaron en el mes de septiembre. Menciona número de libros, editorial, materia, ventas, devoluciones, etc.

D Supongamos que un amigo o amiga te dio como referencia personal para obtener un empleo. De la oficina donde lo hizo te llaman y te piden un informe sobre esa persona. ¿Puedes redactarlo?

E El día de ayer hubo un gran alboroto en tu salón. El director pide a cada uno de ustedes que realice un informe por escrito. Hazlo.

LECCIÓN 29

Usos de X y S

Vamos a estudiar algo más sobre los usos de la **x**.

Lee con atención:

> Debemos **ex**plicar lo sucedido.
>
> La **ex**propiación petrolera fue en 1938.

ATENCIÓN:
> Antes de **pla, pli, plo, pre, pri** y **pro** usamos **ex** a principio de palabra. Hay algunas excepciones: **esplendor** es la más frecuente.

A Con las sílabas del cuadro forma palabras anteponiéndoles **ex**. Escríbelas.

rar	~~sar~~
	pro
	plo
pri	pli
	piar
~~pre~~	tar
car	plo
	mir

expresar
_____
_____
_____
_____
_____

167

LECCIÓN 29

B Con las palabras del ejercicio anterior forma familias de palabras.

• Vuelve a escribir las palabras que acabas de formar. Usa tu cuaderno.

OBSERVA:

        hexámetro   hexágono   hexaedro

¿Qué tienen en común estas palabras?

¿Qué significa la partícula **hexa**?

ATENCIÓN: La partícula **hexa** (que significa seis) se escribe con **x**.

C De las palabras del cuadro, elige la que corresponda a cada difinición y escríbela en su lugar. Si no conoces alguna de ellas, usa el diccionario.

hexaedro	hexámetro	hexápodo	
	hexágono		hexasílabas

1. Al verso de la poesía clásica de seis pies se le llama _____ .
2. Si tiene seis patas se dice que es _____ .
3. Si es un polígono de seis ángulos y seis lados, es un _____ .
4. Las palabras de seis sílabas se llaman _____ .
5. Un _____ es un cuerpo geométrico de seis caras.

USOS DE X Y S

Lee con cuidado:

flexión   transfixión   conexión   inflexión

anexión   genuflexión   complexión   crucifixión

¿Notaste que los sustantivos que acabas de leer terminan en **xión**?

D Escribe el sustantivo correspondiente. Fíjate que puede terminar en **sión, ción, cción o xión**.

Sigue el ejemplo.

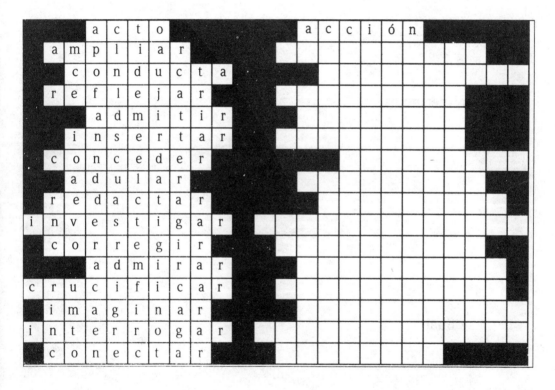

Si tuviste algún error revisa las reglas correspondientes en las lecciones sobre **c** y **s**.

Hay muchas palabras que se escriben con **x** y que no siguen ninguna regla. Vamos a practicarlas.

LECCIÓN 29

E Clasifica las siguientes palabras según corresponda.

excedente	taxi	sexto	bórax	tóxico
clímax	ortodoxo	maxilar	excesivo	elixir
asfixia	exceso	óxido	Félix	pretexto
saxofón	ónix	Fénix	textil	nexo
excepto	excelente	luxación	excitación	sexo
léxico	máximo	auxilio	oxígeno	texto
excepcional	boxeo	excelencia	excéntrico	sintaxis
tórax	flexible	excipiente	Sixto	exceder
excepción	próximo	uxoricida	axioma	uxoricidio

grupo exc

x intermedia

x final

F Busca en el diccionario el significado de las palabras del ejercicio anterior que no conozcas. A continuación, empleando tu propio criterio, forma tres listas, según las consideres de uso frecuente, poco frecuente o esporádico. Trabaja en una hoja de bloc, intercámbiala con un compañero y comenta las diferencias.

USOS DE X Y S

En lecciones anteriores estudiamos voces homófonas con idéntico sonido. En el caso de la **s-x**, aunque corresponden a sonidos diferentes [s] y [ks], para fines ortográficos las agrupamos y estudiamos de la misma manera.

G Busca en tu diccionario el significado de las siguientes voces homófonas. Recuerda que cuando se trate de una forma verbal, sólo debes anotar el infinitivo.

cesta _____   sexta _____

contesto (vb) _____   contexto _____

espirar _____   expirar _____

espiar _____   expiar _____

estática _____   extática _____

estirpe _____   extirpe (vb) _____

LECCIÓN 30
Hacer reportes de lectura

Esta lección se relaciona muy estrechamente con tu materia de Español, puesto que un reporte de lectura no es más que la manera en que das a conocer tu apreciación sobre la lectura de un texto literario.

En un reporte de lectura se debe reflejar que hiciste una lectura atenta y cuidadosa de un poema, un cuento, una novela o una obra de teatro. A través de la lectura de un reporte de esta clase, el lector conocerá el tema del texto, la relación que tiene con la vida del autor, la corriente literaria a que pertenece el autor y, por supuesto, tu punto de vista sobre la lectura.

ATENCIÓN:
> Un **reporte de lectura** debe incluir:
> - Una breve semblanza del autor y de su época.
> - El contenido del texto (argumento) y los principales recursos empleados por el autor.
> - El comentario del que escribe el reporte.

Vamos ahora a leer un cuento y su correspondiente reporte de lectura.

Lee con atención.

Una esperanza

I

En un ángulo de la pieza, habilitada de capilla, Luis, el joven militar, abrumado por todo el peso de su mala fortuna, pensaba.

Pensaba en los viejos días de su niñez, pródiga en goces y rodeada de mimos, en la amplia y tranquila casa paterna, uno de esos caserones de provincia, sólidos, vastos, con jardín, huerta y establos, con espaciosos corredores, con grandes ventanas que abrían sobre la solitaria calle de una ciudad de segundo orden (no lejos por cierto de aquélla en que él iba a morir) sus rectángulos cubiertos por encorvadas y potentes rejas, en las cuales lucía discretamente la gracia viril de los rosetones de hierro forjado.

Recordaba su adolescencia, sus primeros ensueños, vagos como luz de estrellas, sus amores (cristalinos, misteriosos, asustadizos como un cervatillo en la montaña y más pensados que dichos) con la "güerita" de enagua corta, que apenas deletreaba los libros y la vida...

Luego desarrollábase ante sus ojos el claro paisaje de su juventud fogosa, sus camaradas alegres y sus relaciones, ya serias, con la rubia de marras, vuelta mujer, y que ahora, porque él volviese con bien, rezaba, ¡ay!, en vano, en vano...

Y, por último, llegaba a la época más reciente de su vida, al periodo de entusiasmo patriótico, que le hizo afiliarse al partido liberal, amenazado de muerte por la reacción, a la cual ayudaba en esta vez un poder extranjero; y tornaba a ver el momento en que un maldito azar de la guerra, después de varias escaramuzas, le había llevado a aquel espantoso trance.

Cogido con las armas en la mano, hecho prisionero y ofrecido con otros compañeros a trueque de las vidas de algunos oficiales reaccionarios, había visto desvanecerse su última esperanza, en virtud de que la proposición de canje llegó tarde, cuando los liberales, sus correligionarios, habían fusilado ya a los prisioneros conservadores.

Iba, pues, a morir. Esta idea, que había salido por un instante de la zona de su pensamiento, gracias a la excursión amable por los sonrientes recuerdos de la niñez y de la juventud, volvía de pronto, con todo su horror, estremeciéndole de pies a cabeza.

Iba a morir..., ¡a morir! No podía creerlo, y, sin embargo, la verdad tremenda se imponía; bastaba mirar en rededor: aquel altar improvisado, aquel Cristo viejo y gesticulante sobre cuyo cuerpo esqueletoso caía móvil y siniestra la luz amarillenta de las velas, y, allí cerca, visibles a través de la rejilla de la puerta, los centinelas de vista... Iba a morir, así: fuerte, joven, rico, amado...¡Y todo por qué! Por una abstracta noción de Patria y de partido... ¿Y qué cosa era la Patria?... Algo muy impreciso, muy vago para él en aquellos momentos de turbación; en tanto que la vida, la vida que iba a perder, era algo real, realísimo, concreto, definido... ¡era su vida!

—¡La Patria! ¡Morir por la Patria! —pensaba—, pero es que ésta, en su augusta y divina conciencia, no sabrá siquiera que he muerto por ella...

—¡Y qué importa, si tú lo sabes! —le replicaba allá dentro un subconsciente misterioso—. La Patria lo sabrá por tu propio conocimiento, por tu pensamiento, que es un pedazo de su pensamiento y de su conciencia colectiva: eso basta...

No, no bastaba eso..., y, sobre todo, no quería morir: su vida era "muy suya", y no se resignaba a que se la quitaran. Un formidable instinto de conservación se sublevaba en todo su ser y ascendía incontenible, torturador y lleno de protestas.

A veces, la fatiga de las prolongadas vigilias anteriores, la intensidad de aquella sorda fermentación de su pensamiento, el exceso mismo de la pena, le abrumaban, y dormitaba un poco; pero entonces, su despertar brusco y la inmediata, clarísima y repentina noción de su fin, un punto perdida, eran un tormento inefable; y el cuitado, con las manos sobre el rostro, sollozaba con un sollozo que, llegando al oído de los centinelas, hacíales asomar por la rejilla sus caras atezadas, en las que se leía la secular indiferencia del indio.

II

Se oyó en la puerta un breve cuchicheo, y en seguida ésta se abrió dulcemente para dar entrada a un sombrío personaje, cuyas ropas se diluyeron casi en el negro de la noche, que vencía las últimas claridades crepusculares.

Era un sacerdote.

El joven militar, apenas lo vio, se puso en pie y extendió hacia él los brazos como para detenerle, exclamando:

—¡Es inútil, padre; no quiero confesarme!

Y sin aguardar a que la sombra aquella respondiera, continuó con exaltación creciente:

—No, no me confieso; es inútil que venga usted a molestarse. ¿Sabe usted lo que quiero? Quiero la vida, que no me quiten la vida: es mía, muy mía y no tienen derecho de arrebatármela... Si son cristianos, ¿por qué me matan? En vez de enviarle a usted a que me abra las puertas de la vida eterna, que empiecen por no cerrarme las de ésta... No quiero morir, ¿entiende usted? Me rebelo a morir: soy joven, estoy sano, soy rico, tengo padres y una novia que me adora; la vida es bella, muy bella para mí... Morir en el campo de batalla, en medio del estruendo del combate, al lado de los compañeros que luchan, enardecida la sangre por el sonido del clarín..., ¡bueno, bueno! Pero morir oscura y tristemente, pegado a la barda mohosa de una huerta, en el rincón de una sucia plazuela, a las primeras luces del alba, sin que nadie sepa siquiera que ha muerto uno como los hombres..., ¡padre, padre, eso es horrible!

Y el infeliz se echó en el suelo sollozando.

—Hijo mío —dijo el sacerdote cuando comprendió que podía ser oído—: yo no vengo a traerle a usted los consuelos de la religión; en esta vez soy emisario de los hombres y no de Dios, y si usted me hubiese oído con calma desde un principio, hubiera usted evitado esa exacerbación de pena que le hace sollozar de tal manera. Yo vengo a traerle justamente la vida, ¿entiende usted?, esa vida que usted pedía hace un instante con tales extremos de angustia... ¡La vida que es para usted tan preciosa! Óigame con atención, procurando dominar sus nervios y sus emociones, porque no tenemos tiempo que perder; he entrado con el pretexto de confesar a usted y es preciso que todos crean que usted se confiesa; arrodíllese, pues, y escúcheme. Tiene usted amigos poderosos que se interesan por su suerte; su familia ha hecho hasta lo imposible por salvarlo, y no pudiendo obtenerse del Jefe de Armas la gracia de usted, se ha logrado con graves dificultades e incontables riesgos sobornar al jefe del pelotón encargado de fusilarle. Los fusiles estarán cargados sólo con pólvora y taco; al oír el disparo, usted caerá como los otros, los que con usted serán llevados al patíbulo, y permanecerá inmóvil. La oscuridad de la hora le ayudará a representar esta comedia. Manos piadosas las de los hermanos de la Misericordia —ya de acuerdo— le recogerán a usted del sitio en cuanto el pelotón se aleje, y le ocultarán hasta llegada la noche, durante la cual sus amigos facilitarán su huida. Las tropas liberales avanzan sobre la ciudad, a la que pondrán, sin duda, cerco dentro de breves horas. Se unirá usted a ellas si gusta. Conque... ya lo sabe usted todo: ahora rece en voz alta el "Yo pecador", mientras pronuncio la fórmula de absolución, y procure dominar su júbilo durante el tiempo que falta para la ejecución, a fin de que nadie sospeche la verdad.

—Padre —murmuró el oficial, a quien la invasión de una alegría loca permitía apenas el uso de la palabra—, ¡que Dios lo bendiga!

Y luego, presa súbitamente de una duda terrible:

—Pero... ¿todo esto es verdad? —añadió temblando—. ¿No se trata de un engaño piadoso, destinado a endulzar mis últimas horas? ¡Oh, eso sería inicuo, padre!

—Hijo mío: un engaño de tal naturaleza constituiría la mayor de las infamias, y yo soy incapaz de cometerla...

—Es cierto, padre; ¡perdóneme, no sé lo que digo, estoy loco de contento!

—Calma, hijo, mucha calma y hasta mañana; yo estaré con usted en el momento solemne.

III

Apuntaba apenas el alba, un alba desteñida y friolenta de febrero, cuando los presos —cinco por todos— que debían ser ejecutados, fueron sacados de la prisión y conducidos, en compañía del sacerdote, que rezaba con ellos, a una plazuela terregosa y triste, limitada por bardas semiderruidas y donde era costumbre llevar a cabo las ejecuciones.

Nuestro Luis marchaba entre todos con paso firme, con erguida frente, pero llena el alma de una emoción desconocida y de un deseo infinito de que acabase pronto aquella horrible farsa.

Al llegar a la plazuela, los cinco reos fueron colocados en fila, a cierta distancia, y la tropa que los escoltaba, a la voz de mando, se dividió en cinco grupos de a siete hombres, según previa distribución hecha en el cuartel.

El coronel del Cuerpo, que asistía a la ejecución, indicó al sacerdote que vendara a los reos y se alejase luego a cierta distancia. Así lo hizo el padre, y el jefe del pelotón dio las primeras órdenes con voz seca y perentoria.

La leve sangre de la aurora empezaba a teñir con desmayo melancólico las nubecillas del Oriente y estremecían el silencio de la madrugada los primeros toques de una campanita cercana que llamaba a misa.

De pronto una espada rubricó el aire, una detonación formidable y desigual llenó de ecos la plazuela, y los cinco cayeron trágicamente en medio de la penumbra semirrosada del amanecer.

El jefe del pelotón hizo en seguida desfilar a sus hombres con la cara vuelta hacia los ajusticiados, y con breves órdenes organizó el regreso al cuartel, mientras que los hermanos de la Misericordia se apercibían a recoger los cadáveres.

En aquel momento, un granuja de los muchos mañaneadores que asistían a la ejecución, gritó con voz destemplada, señalando a Luis, que yacía cuan largo era al pie del muro:

—¡Ése está vivo! ¡Ése está vivo! Ha movido una pierna...

El jefe del pelotón se detuvo, vaciló un instante, quiso decir algo al pillete; pero sus ojos se encontraron con la mirada interrogadora, fría e imperiosa del Coronel, y desnudando la gran pistola de Colt, que llevaba ceñida, avanzó hacia Luis, que, presa del terror más espantoso, casi no respiraba, apoyó el cañón en su sien izquierda e hizo fuego.

Amado Nervo

Vamos a ver ahora un ejemplo de reporte de lectura del cuento que acabamos de leer.

"Una esperanza" es un cuento escrito por el mexicano Amado Nervo (1870-1919) durante su última etapa como escritor. A lo largo de la narración de los sucesos del cuento advertimos de inmediato la inestabilidad política que le toca vivir a Nervo, la lucha entre liberales y conservadores; el período Juarista y, más tarde, la dictadura de Porfirio Díaz.

En este relato de un prisionero a punto de ser ejecutado, es evidente la presencia de características propias de las corrientes literarias del siglo XIX: el nacionalismo y el fatalismo del Romanticismo; la narración omnisciente y la descripción detallada del Realismo, y, finalmente la prosa poética del Modernismo. Asimismo, la temática también va en relación con los tres movimientos literarios del XIX: el amor a la Patria, el intento de deserción y la muerte.

En cuanto a la estructura de "Una esperanza", Nervo maneja con habilidad el suspenso en dos apartados y con sólo dos personajes.

El estilo, en general, es rebuscado y con las afectaciones propias del siglo XIX.

La lectura de este cuento resulta interesante por el manejo que el autor hace del personaje; por la forma en que nos presenta el final sorpresivo, así como por la recreación de una época. Esta lectura nos invita a acercarnos a otras obras del autor.

Como podrás observar, hay una secuencia lógica en la información que se da en un reporte de lectura:

1. El marco histórico y literario de la obra y el autor.
2. Características del movimiento literario.
3. La temática.
4. La estructura.
5. El estilo.
6. El comentario.

A Lee con atención tres cuentos de algún autor de tu interés y escribe el reporte de lectura correspondiente a cada uno de ellos. Aquí se sugieren algunos autores.

- Juan Rulfo
- Hernán Lara
- Julio Cortázar
- Juan José Arreola
- Horacio Quiroga
- Eraclio Zepeda
- Gabriel García Márquez
- José Emilio Pacheco

Verbos y acentos

Lee estos fragmentos tomados del cuento que leímos en la lección anterior. Observa las palabras en negritas.

—Padre —**murmuró** el oficial, a quien la invasión de una alegría loca **permitía** apenas el uso de la palabra.

—Pero... ¿todo esto es verdad? —**añadió** temblando—. ¿No se trata de un engaño piadoso, destinado a endulzar mis últimas horas? ¡Oh, eso **sería** inicuo, padre!

Los fusiles **estarán** cargados sólo con pólvora y taco; al oír el disparo, usted **caerá** como los otros, los que con usted **serán** llevados al patíbulo y **permanecerá** inmóvil.

El coronel del Cuerpo, que **asistía** a la ejecución, **indicó** al sacerdote que vendara a los reos y se alejase luego a cierta distancia.

> Sabemos que hay formas verbales acentuadas, ya sea porque son voces agudas terminadas en vocal, n o s (llevaré, llevarán, llevarás); porque el acento destruye el diptongo (tenía, llevaría), o debido a que se trata de voces esdrújulas (lleváramos, consiguiéramos).

Vamos a leer otros ejemplos tomados también de la lectura anterior.

Luego, **desarrollábase** ante sus ojos el claro paisaje de su juventud fogosa...

No tienen derecho de **arrebatármela**...

Óigame con atención.

> OBSERVA: En ocasiones, al añadirse uno o varios pronombres a un verbo, se forman palabras esdrújulas. Por eso llevan acento escrito.
>
> desarrollaba + se = desarrollábase
> arrebatar + me + la = arrebatármela
> oiga + me = óigame

A Forma palabras. Escríbelas dos veces.
Ejemplo:
        diciendo + me + lo   **diciéndomelo**

1. contando + se + la
2. llevar + nos + los
3. da + me + lo
4. diciendo + lo
5. pedir + se + lo
6. oye + me
7. escuchando + nos
8. comprar + te + la
9. di + se + lo
10. pidiendo + les

VERBOS Y ACENTOS

B Agrega el acento en los verbos que deban llevarlo.

salio	saludaramos	saldre	llamalo
salian	saldrian	salieron	viviremos
viviran	llevatelo	dime	consiguieran
pideselo	llegarias	continuaramos	vivelo
contarmelo	decian	cruzaban	diremos
escribele	alzala	conseguiria	saldremos
escribieramos	decirselo	vete	preguntarle

Observa estos pares de oraciones.

> **Pregunto** por él./**Preguntó** por él.
> **Llegarán** a las nueve./Les dijimos que **llegaran** a las nueve.
> No **llevé** paraguas./Ojalá Luisa **lleve** paraguas.

Ya habrás advertido que algunas formas verbales sólo se diferencian por el acento. Es muy importante practicarlas.

C Construye oraciones con los siguientes pares de verbos.

1. canté/cante
2. llevé/lleve
3. hablarán/hablaran
4. llamo/llamó
5. callo/calló
6. lavarán/lavaran

D Elige quince verbos del cuento "Una esperanza" y agrúpalos según su acentuación.

Verbos con acento (se les han añadido otras formas)	Verbos sin acento	Verbos con acento en su forma original
escúchame	tenemos	ayudará
1.		
2.		
3.		
4.		
5.		

LECCIÓN 31

E Las siguientes oraciones pertenecen al cuento de Amado Nervo. Localízalas y complétalas con el verbo correspondiente. Fíjate en la acentuación.

1. Se _____ en la puerta un breve cuchicheo.

2. Los hermanos de la Misericordia se _____ a recoger los cadáveres

3. _____ el cañón en su sien izquierda e hizo fuego.

4. Los cinco reos _____ colocados en fila.

5. _____ con atención, procurando dominar sus nervios.

6. _____ ante sus ojos el claro paisaje de su juventud fogosa.

7. _____, pues, a morir.

8. ¿Y qué cosa _____ la patria?

Fíjate:

Cuando ella le habló de volver ya a la ciudad, **apresuróse** él a aceptarlo.

Y ella me parece aquí fuera de su ámbito y como si temiese; vive alerta y **diríase** que no duerme...

Miguel de Unamuno
La Tía Tula.

Estas formas verbales con un pronombre enclítico eran muy usuales en el siglo XIX. Ahora son arcaísmos; sin embargo, es conveniente que las conozcas puesto que aparecen frecuentemente en las lecturas.

VERBOS Y ACENTOS

OBSERVA: Cuando a una forma verbal acentuada se le añade un pronombre, se conserva el acento aun cuando no se sigan las reglas generales de acentuación.

F Cambia el pronombre de manera que forme una sola palabra con el verbo.

Ejemplo: Un azar le había llevado a aquel espantoso trance.
Un azar habíale llevado a aquel espantoso trance.

1. Y el infeliz se echó en el suelo sollozando.

2. La tropa se dividió en cinco grupos.

3. Se acercó sigilosamente hasta la puerta.

4. En la puerta del álamo se distinguía otro pájaro.

5. Me contestó con un gesto de aprobación.

G Lee en voz alta las siguientes oraciones.

A. **Cambio** este libro por uno de poesía.
Ansío que lleguen ya las vacaciones.

Se **diferencia** de su hermana en el color de la piel.
Confía demasiado en su buena memoria.

B. **Apaciguan** a los niños contándoles cuentos.
Continúan los problemas surgidos por las lluvias.

LECCIÓN 31

Elena **averigua** la dirección y el teléfono.
Carlos **insinúa** que eso no es verdad.

¿Puedes escribir la terminación de estos dos grupos de verbos?
A _____ B _____

ATENCIÓN: Los verbos terminados en **iar** y **uar** se acentúan de dos maneras diferentes; esto es, en algunos se destruye el diptongo y llevan un acento (desviar, desvío; actuar, actúo) y en otros no se destruye el diptongo (cambiar, cambio; averiguar, averiguo). Se les llama "verbos de acentuación vacilante" y es muy importante conocerlos, no sólo para escribir correctamente, sino también para saber decirlos bien cuando hablamos

No es lo mismo decir "cambio" que *cambío*, o "diferencia" que *diferencía*, puesto que las dos palabras que están entre asteriscos no son correctas y si alguien las emplea está diciendo un barbarismo.

Fíjate en los modelos de acentuación de estos verbos.

            iar   uar

cambiar	**desviar**	**averiguar**	**actuar**
diferenciar	ansiar	atestiguar	continuar
saciar	confiar	licuar	devaluar
plagiar	contrariar	desaguar	acentuar
desprestigiar	extasiar	fraguar	situar
presagiar	enviar	amortiguar	perpetuar
contagiar	rociar	apaciguar	insinuar
beneficiar	ampliar	menguar	evacuar
auspiciar	desafiar	santiguar	graduar
distanciar	vaciar	adecuar	exceptuar

H Elige dos verbos de cada columna y conjúgalos en forma oral, en el presente de indicativo y de subjuntivo.

I Conjuga los verbos en el tiempo que indican las flechas.

J Completa las oraciones con el verbo del paréntesis.

Ejemplo: La empresa se afilia cada año a FONACOT.
　　　　　　　　　(afiliarse)

1. Necesitas un buen promedio para que _____ en ese colegio.
　　　　　　　　　　　　　　　　　　　　(continuar)

2. El país _____ en los jóvenes de hoy.
　　　　　(confiar)

3. Canadá _____ al norte del continente americano.
　　　　　(situarse)

4. Hasta que _____ su sed, el perro quedará tranquilo.
　　　　　　(saciar)

5. Los alimentos _____ fuera del refrigerador.
　　　　　　　　　(agriar)

6. En esto _____ mi trabajo del tuyo.
　　　　　(diferenciarse)

7. Luis dice que siempre _____ a las circunstancias.
　　　　　　　　　　　　(adecuarse)

8. Ellos _____ viendo a su bebé.
　　　　(extasiarse)

9. _____ los sitios públicos cuando hacen simulacros de temblores.
　(evacuar)

10. Con ese monumento _____ la memoria de un gran mexicano.
　　　　　　　　　　　　(perpetuar)

11. Ellos no _____ con ese arreglo.
　　　　　　　(beneficiarse)

12. Los relámpagos _____ una tormenta.
　　　　　　　　　　(presagiar)

LECCIÓN 32
Redactar una monografía

¿Qué entendemos por "monografía"?

Cuando necesitamos definir una palabra o asegurarnos de que conocemos su significado correctamente, ya sabemos lo que hay que hacer: consultar un diccionario.

Una monografía, dice María Moliner en el DICCIONARIO DE USO DEL ESPAÑOL, es un "Tratado sobre una materia que constituye sólo una parte muy restringida de una ciencia". Por su parte el DRAE (Diccionario de la Real Academia Española) dice que una monografía es la "Descripción y tratado especial de determinada parte de una ciencia, o de algún asunto en particular".

A lo largo de tus años escolares has escrito ya monografías. Sabes que, a diferencia de otros "trabajos" de redacción, como informes, cartas, artículos, etc., la monografía es un trabajo de mayor extensión, para el cual debe realizarse una investigación previa.

En este momento de tu curso de redacción, escribir una monografía será la mejor prueba de todo lo que has avanzado en tu dominio de la escritura. En el momento presente, eres capaz de redactar cualquier escrito, puesto que sabes estructurar las ideas en un párrafo, y con éstos formar un texto.

Vamos, entonces, a escribir una monografía.

A Reunidos en equipos los alumnos elegirán el tema de su monografía y procederán a distribuir el trabajo.
Para hacerlo deberán seguir los pasos siguientes.

1. Delimitar y justificar el tema. Éste debe ser útil, concreto y contar con bibliografía disponible.
2. Distribuir el trabajo entre los miembros del equipo.
3. Acudir a una o varias bibliotecas con el objeto de recabar la información necesaria. Ésta debe ser actual y seria.
4. Elaborar un esquema de trabajo calendarizado. Un guión de ideas puede ser un auxiliar en este paso.
5. Leer cuidadosamente los textos seleccionados y autorizados por el profesor antes de elaborar los resúmenes de los capítulos que se necesiten.

6. Escribir los resúmenes en fichas de trabajo y elaborar las fichas bibliográficas de las fuentes consultadas.
7. Organizar las fichas de trabajo y las fichas bibliográficas en un fichero.
8. Unir toda la información como si se tratara de un gran guión de ideas.
9. Redactar un borrador (trabajo en sucio) y revisarlo en equipo, poniendo especial cuidado en la ortografía y en la redacción. Solicitar la revisión del profesor o de otro equipo de trabajo.
10. Pasar en limpio el borrador con todas las correcciones indicadas por el profesor o el otro equipo que lo revisó.

Usos de Y

Vamos a estudiar más usos de la **y**.

OBSERVA:

        ad**y**acente   dis**y**untiva   sub**y**ugar

ATENCIÓN: Se usa **y** después de **ad, dis, sub**.

A Relaciona las palabras de la derecha con su significado. Usa tu diccionario.

Se dice de los ángulos que tienen un lado común.	coadyuvar
Contribuir, ayudar al logro de algo.	subyugar
Que yace o está debajo de otra cosa.	disyunción
Alternativa o dilema.	subyacente
Avasallar, someter violentamente.	adyacente
Acción y efecto de desunir.	disyuntiva

B Completa las oraciones con las palabras del ejercicio anterior. Recuerda que puedes usar los verbos conjugados.

1. Rafael se encontró en una _____ : denunciarlos o ser su cómplice.

2. Los ángulos _____ suman 180°.

3. Las actividades estéticas _____ a la formación del alumno.

4. Los españoles mantuvieron _____ a los indígenas durante tres siglos.

5. El analfabetismo es un problema _____ al desarrollo económico de México.

• Copia las oraciones en tu cuaderno.

Lee con atención.

El maestro Fernández tiene una gran tra**yec**toria en la Universidad.

Tenemos un pro**yec**to de investigación muy interesante.

Realmente, su **yer**no es un encanto.

El día de a**yer** cayó una fuerte tormenta.

Las sílabas en negritas son: _____ y _____ .

ATENCIÓN: La mayoría de las palabras que contienen **yer** y **yec** se escriben con **y**.
Excepto: **Guillermo, taller, pollería, gallero,** etc.

C Completa con **yer** o **yec** y vuelve a escribir las palabras.

pro _____ til   ab _____ to   in _____ ción

_____ go   _____ to   _____ mo

_____ bero   tra _____ to   pro _____ to

- Busca en el diccionario el significado de las palabras que no conozcas y escríbelo en tu cuaderno.

- Hay muchas palabras que se escriben con **y**, y no siguen ninguna regla. Vamos a practicarlas.

D Escribe dos veces cada palabra.

aleluya
atalaya
aya
boya
boyada
boyero
maya
mayorazgo
mayordomo
oyente
papaya
pararrayos
playa
sayal
soslayo
yacer
yanqui
yarda

LECCIÓN 33

E Forma familias con las palabras que se dan.

arroyo	ayudante	ensayo

hoyo	mayor	yerba

RECUERDA: Los derivados y compuestos conservan la ortografía original.

Lee cuidadosamente.

construían ⟩ _____
construyeran ⟩

obstruiste ⟩ _____   Escribe los infinitivos
obstruyó ⟩   correspondientes.

diluimos ⟩ _____
diluyen ⟩

Ya habrás notado que los tres verbos terminan en _____ .

ATENCIÓN: Los verbos terminados en **uir** agregan una **y** antes de **a, e, o**.

192

F Completa con el verbo y el tiempo verbal que están en el paréntesis.

Ejemplo:

Me dio gusto que Juan <u>construyera la casa de sus sueños.</u>
(construir-pretérito de subjuntivo)

1. Esa medicina se _____ con agua hervida.
(diluir-presente de indicativo)

2. El derrumbe _____ el paso por el puente.
(obstruir-pretérito de indicativo)

3. El presidente dio orden de que se _____ los edificios
(reconstruir-pretérito de subjuntivo)
afectados por el sismo.

4. Si se _____ esa sustancia, el experimento
(diluir-pretérito de subjuntivo)
resultaría peligroso.

5. Con el smog se _____ las vías respiratorias.
(obstruir-presente de indicativo)

6. Diana fue con un cirujano plástico para que le _____
(reconstruir-presente de subjuntivo)
la nariz.

Lee.

estoy	haya	voy
( )	( )	( )
oyeron	leyeron	creyó
( )	( )	( )

Escribe los infinitivos en los paréntesis.

Fíjate que algunos verbos agregan un sonido [i] en determinadas personas. En estos casos se usa **y**. En otros casos —cuando se forma un diptongo terminado en [i] al final de la palabra— también se usa una **y**.

ATENCIÓN: Con algunas formas verbales que en el infinitivo no llevan ni **y** ni **ll**, se usa **y**.

G Escribe la primera persona del singular del presente de indicativo.

estar _____ ir _____
ser _____ dar _____

H Escribe una oración. Sigue el ejemplo.

(creer-ellos-pretérito subjuntivo)
Ojalá creyeran lo que les digo porque es la verdad.

1. (leer - nosotros - pretérito subjuntivo)
_____

2. (creer - él - pretérito indicativo)
_____

3. (proveer - tú - pretérito indicativo)
_____

4. (poseer - yo - pretérito subjuntivo)
_____

5. (oír - ellos - pretérito indicativo)
_____

6. (leer - él - pretérito subjuntivo)
_____

7. (caer - nosotros - pretérito indicativo)

8. (creer - ustedes - pretérito subjuntivo)

9. (proveer - ellos - pretérito subjuntivo)

10. (poseer - yo - pretérito indicativo)

11. (oír - él - pretérito subjuntivo)

12. (creer - ellos - pretérito indicativo)

13. (caer - ustedes - pretérito indicativo)

14. (oír - nosotros - pretérito subjuntivo)

15. (leer - tú - pretérito indicativo)

16. (ir - él - presente subjuntivo)

17. (ir - nosotros - presente subjuntivo)

18. (dar - yo - presente indicativo)

19. (ir - ellos - presente subjuntivo)

20. (ir - yo - presente indicativo)

LECCIÓN 34

Escribir un ensayo

Escribiendo un ensayo vas a disfrutar la doble experiencia de *crear* un texto y al mismo tiempo *exponer* tu opinión. Para lo primero nos valemos de nuestra sensibilidad e imaginación, así como de nuestra habilidad para escribir; para lo segundo, se requiere hacer una investigación y contar con una preparación y una capacidad crítica que nos permitan exponer una opinión fundamentada sobre un asunto.

Un **ensayo** es un escrito en prosa, no demasiado extenso, en el que se aborda un tema de manera no muy profunda. En él se difunden las ideas del autor sobre determinada materia. El autor se vale de un lenguaje accesible puesto que el ensayo va dirigido a un público numeroso.

Las características del ensayo son:
- Expresa ideas.
- Utiliza un punto de vista subjetivo.
- No es muy extenso en su desarrollo.
- Expone las ideas en forma tentativa, no definitiva.
- Utiliza recursos literarios en su escritura.

Un **ensayo**, según María Moliner, es una "Composición literaria constituida por meditaciones del autor sobre un tema más o menos profundo, pero sin sistematización filosófica".

Según el DRAE, un **ensayo** es un "Escrito, generalmente breve, sin el aparato ni la extensión que requiere un tratado completo sobre la misma materia".

El ensayo es una forma literaria que existe desde hace muchos años. El ensayista Montaigne, hacia el año 1580, mencionaba los siguientes rasgos como propios del ensayo:
- Escrito en prosa.
- No muy extenso.

- El tema no se trata con mucha profundidad.
- Trata un asunto sin agotarlo.
- Se da la visión personal del autor.
- No se emplea lenguaje ni técnico ni teórico, sino sencillo.
- Se dirige a lectores de un cierto nivel cultural.

A Después de haber leído atentamente el cuadro con las definiciones del ensayo y el texto que se da a continuación, organicen una actividad oral para comentarlos. Analicen cada una de las definiciones y compárenlas para que, al final, cada alumno sea capaz de redactar una buena definición de ensayo, con sus propias palabras.

B Vamos ahora a acercarnos a la lectura de "Nuestra lengua", un ensayo de don Alfonso Reyes, escrito en 1958. Reyes escribió este ensayo con fines didácticos, y la obra fue inmediatamente impresa y repartida gratuitamente entre los escolares por la Secretaría de Educación, a principios del año 1959. Lee tú ahora el texto con atención.

Nuestra lengua

1. El **habla** es el don de hablar, característica del hombre, que los animales sólo manifiestan en rudimentos, aunque a ellos les bastan para entenderse entre sí.
2. Por una parte, el hombre ha hecho el **habla**; por otra, el habla ha hecho al hombre: dos agentes que se modelan el uno al otro. El que deseaba labrar una estatua hizo un cincel: el cincel lo hizo poco a poco escultor.
3. El habla es una especialización oral de las señales que hace nuestro cuerpo para expresar lo que desea. Aunque esta especialización oral venció, por cómoda y económica, a las otras señales, éstas quedan aún junto al habla, sea que la refuercen o simplemente la acompañen, en los ademanes y en los gestos.
4. La **escritura** vino muchos siglos después para enviar a distancia, con la mayor exactitud posible, las señales del habla —concepto de fijación en el **espacio**—, y también para guardar las expresiones y el contenido del habla de modo que "no se lo lleve el viento" o no se olvide —concepto de fijación en el **tiempo**. A la escritura propiamente tal precedieron varios sis-

temas aproximados, como esos signos que aún se usan en las carreteras, etc. Y para los mensajes a distancia, se usaron y aún se usan varios recursos auxiliares: los tambores y leños huecos y las fogatas del primitivo, las marcas del cuchillo en los árboles, los "telégrafos" de banderines y luces en los barcos, el verdadero telégrafo eléctrico, el teléfono, la radioemisión, etc.

5. El **lenguaje** es el cuerpo de expresiones orales en que se manifiesta el don del habla. Merced a la facultad del habla, el hombre posee un **lenguaje**. La **lengua** —o también el idioma— es el **lenguaje** que habla determinada comunidad: español, inglés, francés, nahua. Se dice "el **lenguaje**", en general; se dice "los idiomas", "las lenguas", conjunto de particularidades; o, concretamente, "esta lengua", "aquel idioma".

6. **Habla, lenguaje, lengua, idioma** son términos que se usan con cierta indiferencia unos por otros. La frontera no está trazada. El objeto de haberlos distinguido aquí ha sido tan sólo el explicar algunas nociones principales, de la más abstracta a la más concreta. Por **habla** suele entenderse también la selección personal que cada uno hace habitualmente dentro de su lenguaje: "En el **habla** de Fulano no está el llamar **ebrio** al **borracho**."

7. El habla, y por consecuencia el lenguaje, los idiomas o lenguas, *no se han ajustado absoluta y totalmente a un sistema mental inflexible*. Aunque la inteligencia y la razón los han tutoreado en mucha parte, también en mucha parte han crecido espontáneamente como los árboles.

8. La **Gramática** da las reglas de los usos que se consideran preferibles, pero no puede abolir los demás usos, ni es siempre indispensable que lo haga (fuera del trato de buena educación o las funciones de la cultura), ni ella misma logra defenderse del empleo inveterado de formas ajenas a toda lógica. Por ejemplo: saltar la comba —que aquí decimos "la cuerda"—, "a pie juntillas", frase que se considera correcta, aunque lógicamente debiera ser "a pies juntillos".

9. En nuestro lenguaje se descubren fácilmente *residuos del pensar primitivo*, que no corresponden al estado actual del conocimiento o la ciencia, y bien mirado hasta pueden ser antropomorfismos risibles, como el atribuir sexo a los obje-

tos mediante los llamados "géneros", declarándolos convencionalmente masculinos o femeninos: *El* banco, *la* silla, *el* sol, *la* luna. Para estas últimas palabras la convención es inversa en alemán, donde *Sonne* es femenino, y *Mond* masculino. Por aquí se ve lo arbitrario y casual de estas atribuciones.

10. El lenguaje, y por consecuencia los idiomas o lenguas, no ofrecen *formas fijas* y nacidas de una vez para siempre en el estado que nos es habitual, en el que usamos. Se han modificado con el *tiempo* y se modifican en el *espacio*. El español que hoy hablamos no es igual al español del *Poema de Mio Cid* (Siglo XII). Y, dentro de una sola época, la nuestra, el lenguaje del norte de Francia difiere un poco del lenguaje del mediodía. No se habla español exactamente lo mismo en las Provincias Vascongadas que en Aragón o en Andalucía. Hay diferencias entre el lenguaje del norte de México (digamos, Monterrey) y el sur (digamos, Mérida); entre el del este (digamos, Veracruz); y el del oeste (digamos, Guadalajara). En general, no se habla el español lo mismo en España que en Hispanoamérica o en Salónica.

11. Esta variabilidad del lenguaje no es consecuencia única de la variabilidad del tiempo y del espacio; sino que el lenguaje, corriendo como un río por distintos cauces (distintos ambientes naturales, comarcas donde quedan residuos de distintas lenguas anteriores, o que sufrieron distintas invasiones de otros pueblos de diverso idioma, o simplemente contactos y vecindades con distintos grupos extranjeros), acarrea al paso variados sabores y matices: ya en la construcción de frases, ya en la forma de las palabras, ya en las pronunciaciones, acentos, "tonadas" y maneras de hablar.

12. Un idioma varía con el tiempo, con el espacio, con las circunstancias de su desarrollo. Nunca está completo en parte alguna. Nunca acabado de hacer en ningún momento. Por eso resulta una falsedad ese criterio que atribuye al idioma una entidad final y absoluta. Por ejemplo, se dice y repite: "En aquella época la lengua no estaba aún madura". ¿Madura con respecto a qué modelo ideal? La lengua de cada época está prácticamente madura para tal época. Si resucitara un hombre de la Edad Media, nuestra lengua no le parecería cosa madura, sino una incómoda corrupción.

Alfonso Reyes

Una vez que has leído con atención "Nuestra lengua" de Alfonso Reyes, localiza en él todas los rasgos característicos del ensayo que mencionamos arriba y que tienes en tu propia definición de este género literario. Coméntalos con tus compañeros y tu maestro.

C Ahora vas a escribir tú un ensayo. A continuación te sugerimos un posible tema, pero desde luego tú puedes elegir cualquier otro.

TEMA: "La orientación vocacional en la Secundaria."

GUIÓN DE IDEAS:
- Presentación del tema.
- Aclaración de un dilema: ¿orientar o desorientar?
- Experiencias propias o de otros alumnos sobre el Departamento de Orientación Vocacional.
- La necesidad de la Orientación Vocacional para los alumnos de 3o. de Secundaria.
- Conclusión: ¿Ya decidiste qué estudiar después de la secundaria?

Usos de LL

Vamos a trabajar palabras con ll.

Lee.

> Juan se rompió la **rodilla**.
>
> Las **ardillas** son muy ágiles y graciosas.
>
> El **membrillo** me encanta.
>
> Necesito comprar un **cepillo** para bañar al perro.

RECUERDA: **Las palabras que terminan con illo, illa se escriben con ll.**

A Busca diez palabras en la sopa de letras y escríbelas en las líneas.

P	Q	T	K	S	J	Z	I	V	K	T	T	H	J	M	S	K	O	R	I	L	L	A
Z	R	O	D	I	L	L	A	B	I	O	A	P	G	P	D	N	O	P	G	P	A	N
J	Y	R	O	Y	D	X	H	Q	K	P	B	R	C	E	P	I	L	L	O	R	D	A
S	R	N	V	I	W	A	L	P	R	I	L	E	L	I	C	I	O	E	L	I	R	I
I	K	I	S	E	D	O	B	L	A	D	I	L	L	O	N	C	H	Z	N	V	I	C
L	P	L	T	D	N	P	C	I	U	N	L	Ñ	Q	A	S	N	C	Ñ	Q	A	L	N
L	Y	L	T	B	R	I	L	L	O	M	L	L	M	R	X	I	E	L	M	R	L	I
A	R	O	V	I	O	D	I	T	B	P	A	S	T	I	L	L	A	D	E	F	O	V

201

OBSERVA:

    flor-florecilla   ave-avecilla
    cigarro-cigarrillo   pez-pececillo

RECUERDA: Las terminaciones **illo, illa** también se escriben con ll cuando son diminutivos y despectivos.

B Escribe una palabra de la misma familia.

rodilla	rodillazo	brillo	
tobillo		membrillo	
polilla		silla	
cuchillo		novillo	
varilla		parrilla	
martillo		maravilla	
astilla		cepilla	

OBSERVA:

    aquel — aquellos
        medalla — medallita
            tortilla — tortillería

RECUERDA:
- Los plurales de algunas palabras que terminan con l, se escriben con ll.
- Las palabras emparentadas con otras que tienen ll, la conservan.

C Escribe palabras de la misma familia.

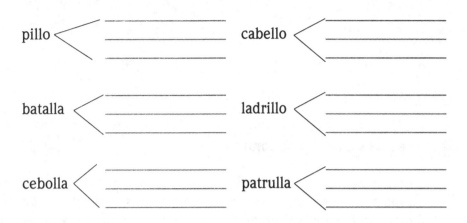

La ll aparece en muchas palabras que no siguen ninguna regla. Puede estar al principio (llama) o en medio de la palabra (ampolla).

D Resuelve el crucigrama.

Horizontales

1. Edificio cercano de murallas, baluartes y otras fortificaciones.
3. Disparador de las armas de fuego.
5. Enredo, confusión, maraña.
7. Terreno igual y extenso, sin altos ni bajos.
9. Úlcera.

Verticales

2. Americano descendiente de europeos.
4. Órgano de sostén de la planta.
6. Gritería o ruido de personas.
8. Aro grueso de metal.
10. Anillo de metal con una espiga para clavarlo.

LECCIÓN 35

- Vuelve a escribir las palabras.

Lee las siguientes palabras.

llaga • batalla • llenar • llamar • meollo • barullo • llover • llano
gallo • malla • llanta • olla • arrullo • pollo • sombrilla • llave
membrillo • lluvia • metralla • llegar • llevar • caballo • llama • llorar

E Clasifica las palabras anteriores según corresponda.

ll al inicio de palabra   ll en medio de palabra

Hay muchas otras palabras que se escriben con ll. Escribe las que conozcas en una hoja de bloc e intercámbiala con la de algún compañero, así puedes conocer nuevas palabras y ampliar tu vocabulario.

USOS DE LL

F Coloca las palabras del cuadro en la oración que corresponda.

arrollo	meollo	astilla	llantas
detalle	llegar	cuello	sello

1. ¡Claro! Ahí está el _____ del asunto.

2. El carpintero se lastimó con una _____.

3. Un _____ dice más que mil palabras.

4. Tengo que _____ hasta la orilla de la alberca.

5. Miguel le regaló un _____ bordado a Ana.

6. Este oficio necesita un _____ para que sea válido.

7. ¿Un _____? Si, es como una canción de cuna.

8. Pedro le puso _____ deportivas a su coche.

• Copia las oraciones en tu cuaderno.

Lee con atención.

Hay que **atornillar** bien esa manija y no tenemos **tornillos**.

Mi mamá le dice a Elena que se **cepille** el pelo un largo rato todos los días y que se le compondrá; y también, que compre un buen **cepillo**, que ella se lo dispara.

Joel, el caballerango, pidió que le trajeran la **silla** nueva para **ensillar** el caballo de don Carlos.

¿Conoces algo para evitar la **polilla**? Me urge saber, porque en el rancho se pueden **apolillar** los muebles.

El director nos pidió que mencionemos con más **detalles** algunos puntos del proyecto; creo que tiene razón, es conveniente que **detallemos** más todo lo que se refiere al presupuesto.

ATENCIÓN: Se escriben con ll, los verbos terminados en llar, derivados de un sustantivo que a su vez lleva una ll.

Fíjate:

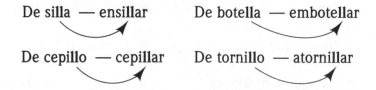

De silla — ensillar   De botella — embotellar

De cepillo — cepillar   De tornillo — atornillar

G Forma un verbo.

De cuchillo	_____	De ampolla	_____
De estrella	_____	De cebolla	_____
De orilla	_____	De metralla	_____
De ladrillo	_____	De tablilla	_____
De rodilla	_____	De detalle	_____
De patrulla	_____	De muralla	_____
De astilla	_____	De polilla	_____
De brillo	_____	De fallo	_____
De sello	_____	De boquilla	_____
De perifollo	_____	De arrullo	_____

OBSERVA:

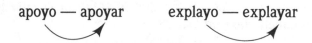

apoyo — apoyar   explayo — explayar

H Forma verbos emparentados con las palabras que se dan.

De soslayo _____   De desmayo _____
De raya   _____   De subrayado _____
De ensayo   _____   De joya _____

Lee con atención.

Juan está **tullido** porque se cayó de la escalera y se lastimó un pie.

Nos **zambullimos** muy a gusto en el río.

Raúl se **escabulló** como de costumbre.

• Escribe los infinitivos de los verbos en negritas.
_____ _____ _____

Todos terminan en: _____

¿**Salpullir** y **sarpullir** significarán lo mismo? _____

Busca estas palabras en el diccionario y verifícalo.
¿Te parece de uso común alguna de las dos?
¿Qué palabra emplearías: **salpullido** o **sarpullido**?

ATENCIÓN: Los verbos que terminan en **llir** se escriben con **ll**.

I Escribe seis oraciones empleando los siguientes verbos: engullir, escabullir, zambullir, tullir.

En lecciones anteriores trabajamos algunas voces homófonas. Ahora vamos a conocer otras.

J Une con una línea las palabras homófonas del cuadro y escríbelas con su significado. Consulta en tu diccionario las palabras que no conozcas.
Fíjate en el ejemplo.

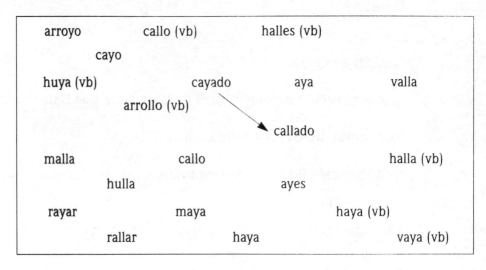

callado: Se dice de la persona silenciosa, reservada.
cayado: Palo o bastón corvo por la parte superior.

USOS DE LL

RECUERDA: La ortografía también se aprende practicando.

LECCIÓN 36

La estructura del relato

Hasta ahora hemos trabajado con ejemplos de redacción de diversas clases de textos que podríamos llamar "informativos" (cartas, notas periodísticas, monografías, ponencias, informes, etc.). Vamos a continuación a trabajar con textos narrativos y con su estructura.

Sabemos todos que este tipo de ejercicios de redacción nos servirá para hacer una lectura cada día más aguda de los textos literarios, así como para mejorar nuestras posibilidades de expresión escrita.

RECUERDA:

Un texto narrativo (relato) consta de tres momentos:		
Presentación	Nudo	Desenlace
¿Qué? ¿Quién? ¿Dónde?	¿Cómo? ¿Por qué? ¿Para qué? ¿Cuándo?	¿Cómo se resolvió?

A Vamos a identificar los momentos del relato en el siguiente ejemplo.

Los hermanos zorros

Pedro y Pablo eran hermanos. Estos hermanos no se parecían en nada, como no fuera en la mirada torva que clavaban en todo. "Mirada de zorros", decía la gente, aunque nunca lo decían delante de ellos. "Los hermanos zorros" los llamaban.

Los hermanos zorros no se querían, esto no era extraño tratándose de seres que no tenían nada en común. El zorro Pablo tenía 30 años. El zorro Pedro, 25. Se odiaban como enemigos.

Pero no siempre había pasado esto. El odio era producto de la mayoría de edad. De niños, cuentan las gentes que los conocieron, eran inseparables. Cuando se hicieron hombres se separaron. Pero esto tiene otra explicación. Hacía poco habían llegado de la provincia a la ciudad. Venían con su madre, anciana ya. Su padre había muerto. Habían reunido sus ahorros y se trasladaban a la ciudad para estudiar. Un acontecimiento imprevisto cambió sus planes. Recién instalados en la ciudad, los hermanos zorros compraron un billete de lotería y se sacaron un premio grande. El dinero es una cosa extraordinaria. Todo lo puede. Se ríe de las ligas de la sangre; es capaz de separar a seres que se han amado toda la vida, como también es capaz de hacer vivir juntos a los seres que más se odian. Un inocente billete de lotería cambió los destinos de Pablo y Pedro. Y también los de su anciana madre. ¡Quién iba a pensar en estudiar con tanto dinero!

Esto pensaron los hermanos, pues, ¿cómo podía irse uno de ellos a la escuela dejando al otro con el dinero? No, imposible. Con tanto dinero no se podía hacer otra cosa que cuidarlo. Y no estudiaron. Pero, como es natural, se hicieron desconfiados. Y como es natural también, empezaron a desconfiar de sí mismos. La desconfianza les hizo odiarse. Se odiaron con el derecho y la fuerza que les dio su dinero.

"Los hermanos zorros",
Juan R. Campuzano.

Al leer con atención el texto y con la ayuda de las preguntas básicas nos damos cuenta de que los dos primeros párrafos corresponden a la presentación, el tercer párrafo y las primeras líneas del cuarto contienen el nudo y, las cuatro últimas líneas pertenecen al desenlace.

Fíjate en el cuadro.

Presentación	Nudo	Desenlace
Los hermanos zorros.	Se sacaron la lotería.	Acabaron odiándose.

B A continuación aparecen en desorden los momentos del relato. Organízalos, agrega muchas ideas nuevas y escribe después el texto completo. Asígnale un título y guárdalo en tu carpeta.

I

Todo lo arruinó un sabio húngaro al descubrir que la mosca podía entrar pero no salir, o viceversa, a causa de no se sabe qué problema en la flexibilidad de las fibras de este cristal que era muy fibroso.

II

Inventaron un cristal que dejaba pasar las moscas. La mosca venía, empujaba un poco con la cabeza y ¡pop! ya estaba del otro lado. Enorme alegría de la mosca.

III

En seguida inventaron el cazamoscas con un terrón de azúcar dentro, y muchas moscas murieron desesperadas. Así acabó toda posible confraternidad con estos animales dignos de mejor suerte.

Leyenda hindú (fragmento),
La india literaria (antología).

¿Cómo queda el orden de las secuencias?

( ) —— ( ) —— ( )

C Trabaja como en el ejercicio anterior.

I

"Como fui testigo de aquellos hechos me dije: Esos animales han recibido el castigo de su acción. Si los dioses lo hubieran querido, su cólera habría pasado desde el caballo a mí mismo. Es necesario procurar no hacerse merecedor del castigo."

II

Un rey gobernaba sus Estados, tan bárbaramente, que sus vasallos no podían ya soportarlo, y no tenían más recurso que los dioses a quienes les pedían que sucediera algo que cambiara su situación.

III

Al volver de una cacería, el rey por un cambio sorprendente envió heraldos que publicaran este bando: "Pueblo, alegráos. Desde hoy me dedicaré a proporcionaros felicidad y justicia."

Un favorito del rey le preguntó el motivo de aquella mudanza.

El tirano,
Leyenda hindú.

Une los fragmentos dándoles la debida secuencia, agrega nuevas ideas para completar el relato, y escribe todo el texto en una hoja para tu colección.

LECCIÓN 37

Palabras con H

En el libro dos estudiamos los usos de la **h**.

Ahora vamos a trabajar algunas palabras que llevan **h** inicial y que no siguen ninguna regla.

A Escribe dos veces las palabras y después una oración.

haba   La sopa de haba es una de mis favoritas.
hábito

hacha

hada

haragán

hebilla

hebreo

helecho

hélice

hepatitis

higiene

himno

hiriente

PALABRAS CON H

hoguera

horquilla

huracán

hurto

B Forma familias de palabras.

hallazgo	hábil	hacienda

hambre	heredero	herrero

hechicero	hervir	hijo

hilo	hinchado	hiriente

hormiga	hoja	honor

honrado	hule	húngaro

ATENCIÓN:

        ahorrar   bahía
                vehículo   prohibir

Ya sabemos que la **h** no es sólo una letra inicial, sino que puede ir también en medio de la palabra.
La **h** intermedia tiene pocas reglas.

OBSERVA:

        aldehuela   vihuela   parihuela

La terminación de las palabras que acabas de leer es: _____ .

ATENCIÓN: **Cuando la terminación uela va precedida de vocal, se usa h intermedia.**

C   Escribe el significado de las siguientes palabras. Usa tu diccionario.

aldehuela _____

vihuela _____

parihuela _____

PALABRAS CON H

D Completa las oraciones con las palabras del ejercicio anterior.

1. En la exposición había un maravilloso grabado de una _____ de mano.

2. Hay que transportar al herido en unas _____, porque no puede caminar.

3. No es un pueblo grande, es sólo una _____ perdida en la selva.

• Copia las oraciones en tu cuaderno.

Lee con atención.

La noticia lo dejó **mohíno**.
Con tanta humedad, todo se llena de **moho**.
¿**Zaherir** y satirizar significan lo mismo?
Esta habitación es una **zahúrda**.

Subraya la primera sílaba de las palabras en negritas. Decimos entonces:

> Después de **mo** y **za**, si a continuación va una vocal, se usa h intermedia.

E Escribe las siguientes palabras.

enmohecer
mohín
mohoso

zaherir
zahondar
zahón

217

- Busca en el diccionario las palabras que acabas de escribir. En una hoja de bloc divídelas en frecuentes, poco frecuentes o de uso esporádico, según te parezca.

Vamos ahora a practicar otras palabras con **h** intermedia que no siguen ninguna regla.

F Forma palabras siguiendo las flechas y escríbelas.

- Vuelve a escribir varias veces las palabras anteriores. Usa tu cuaderno.

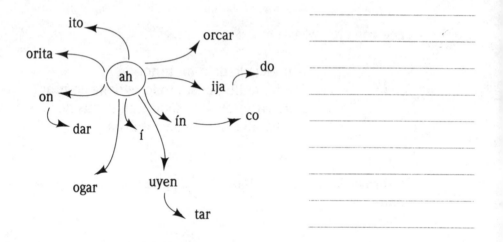

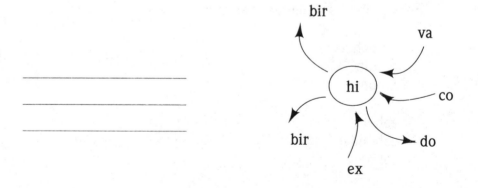

PALABRAS CON H

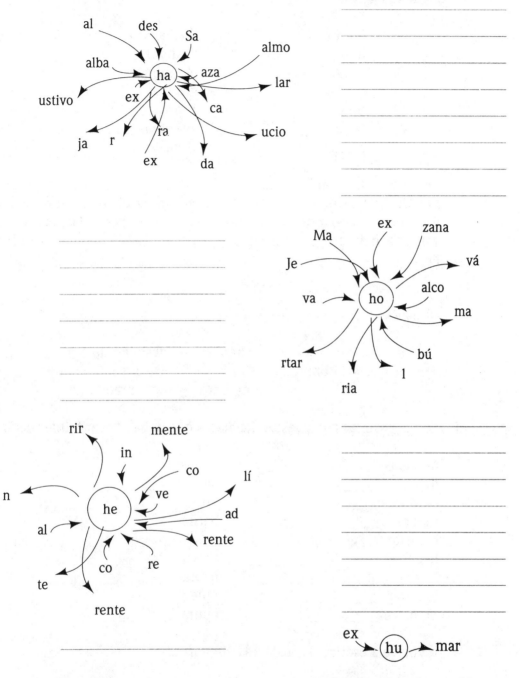

- Vuelve a escribir varias veces las palabras anteriores. Usa tu cuaderno.

LECCIÓN 37

G Relaciona con una línea los dos grupos de palabras. Sigue el ejemplo.

honra — malhablado
hilo — deshonrar
hebra — malhumorar
hablar — deshilar
hule — ahorcado
horca — enhebrar
humor — ahulado

Observa con detenimiento las palabras que relacionaste. Ya habrás notado que la **h** intermedia de las palabras de la columna de la derecha se debe a que son formas compuestas por palabras que llevan una **h** inicial y alguna partícula, como **mal, bien, a, en, des,** etc...

OBSERVA:

hebra ⟨ deshebrar — deshebrado
       enhebrar — enhebrado

H Forma palabras compuestas. Recuerda que deben llevar h intermedia.

humano _____   honesto _____
hablar _____   herido _____
humo _____   hilo _____
humor _____   harina _____
honesto _____   hondo _____
hecho _____   horca _____
hueco _____   hebra _____
hidratar _____   hule _____
hipoteca _____   honra _____

• Vuelve a escribir las palabras que formaste.

PALABRAS CON H

OBSERVA:

¡oh! ¡bah!

También existe la **h** al final. Es la última letra de algunas interjecciones.

I Escribe las palabras.

¡ah! ¡eh! ¡oh! ¡bah!

....
....
....

En otros casos las interjecciones llevan la **h** al principio.

Así: ¡hola! ¡huy!

Cuidado, la interjección ¡ay! **no** lleva h.

J Escribe en la columna que corresponda las palabras del cuadro.

| ovario | óseo | osamenta | ovalado | óvalo |
| ovoide | orfanato | osificar | osario | orfanatorio |

hueso huevo huérfano

....
....
....
....

Fíjate, a pesar de ser la misma familia, las palabras hueso, huevo y huérfano llevan **h** y las otras no. Esto se debe a que esas tres palabras empiezan con **hue**.

LECCIÓN

38 Los recursos de escritura

Dedicaremos esta lección al repaso de lo que hemos llamado "recursos de escritura".

RECUERDA: Los recursos que empleamos para escribir un texto narrativo son:

- Narración (acciones).
- Descripción (pintura de personajes, lugares, objetos, etc.).
- Diálogo (voz directa de los personajes).

Repasa tu manual 2 o tu libro de texto si lo consideras necesario.

Veamos un ejemplo.

Antonio nos llamó a Ruperto y a mí al cuarto del fondo de la casa. Con voz imperiosa ordenó que nos sentáramos. La cama estaba tendida. Salió al patio para abrir la puerta de la pajarera, volvió y se echó en la cama.
—Voy a mostrarles una prueba— nos dijo.
—¿Van a contratarte en un circo?— le pregunté.
Silbó dos o tres veces y entraron en el cuarto Favorita, la María Callas y Mandarín, que es coloradito. Mirando el techo fijamente volvió a silbar con un silbido más agudo y trémulo. ¿Era esa la prueba? ¿Por qué nos llamaba a Ruperto y a mí? ¿Por qué no esperaba a que llegara Cleóbula? Pensé que toda esa representación serviría para demostrar que Ruperto no era ciego, sino más bien loco; que en algún momento de emoción frente a la destreza de Antonio lo demostraría. El vaivén de los canarios me daba sueño.

"La expiación",
Silvina Ocampo.

LOS RECURSOS DE ESCRITURA

Vamos a trabajar el primer párrafo del texto a manera de ejemplo. Observa que dentro de una misma oración unas palabras pueden pertenecer a la narración (acciones) y otras a la descripción (pintura de personajes, lugares, objetos, etc.).

Antonio nos llamó a Ruperto y a mí al cuarto del fondo de la casa.
   narración   descripción

Con voz imperiosa ordenó que nos sentáramos. La cama estaba tendida.
 descripción   narración   descripción

Salió al patio para abrir la puerta de la pajarera, volvió y se echó en la cama.
      narración

A Trabaja el resto del fragmento como lo hicimos arriba.

B Subraya con un color verde las líneas correspondientes a la narración; con un color azul lo que pertenezca al diálogo y con uno amarillo lo que sea una descripción.

Una vez señalados los recursos de escritura, vamos a hacer una lista con las acciones, otra con las descripciones y una más con las voces de los personajes:

a) Narración (acciones).

  Antonio nos llamó a Ruperto y a mí.
_____
_____
_____
_____
_____
_____

b) Descripciones.

el cuarto del fondo de la casa.

c) Diálogos.

—Voy a mostrarles una prueba—

C Trabaja con los siguientes textos tal y como lo hicimos con el ejemplo.

1.
Ramiro pareció luchar un breve rato consigo mismo y como si buscara algo, y al cabo, con un gesto de desesperada resolución exclamó:
　　—¡Pues bien, Gertrudis quiero decirte toda la verdad!
　　—No tienes que decirme más verdad —le atajó severamente—; me has dicho que quieres a Rosa y que estás resuelto a casarte con ella, todo lo demás de la verdad es a ella a quien se lo tienes que decir luego que os caséis.
　　—Pero hay cosas...
　　—No, no hay cosas que no se deban decir a la mujer...
　　—¡Pero, Tula!
　　—Nada de Tula, te he dicho. Si la quieres, a casarte con ella, y si no la quieres estás de más en esta casa.

Estas palabras le brotaron de los labios fríos y mientras se le detenía el corazón.

La Tía Tula,
Miguel de Unamuno.

2.
Había una vez un hombre que pertenecía a la secta del Loto Blanco. Muchos, deseosos de dominar las artes tenebrosas, lo tomaban por maestro.

Un día el mago quiso salir. Entonces colocó en el vestíbulo un tazón cubierto con otro tazón y ordenó a los discípulos que los cuidaran. Les dijo que no descubrieran los tazones ni vieran lo que había adentro.

Apenas se alejó, levantaron la tapa y vieron que en el tazón había agua pura, y en el agua un barquito de paja, con mástiles y velamen. Sorprendidos, lo empujaron con el dedo. El barco se volcó. De prisa, lo enderezaron y volvieron a tapar el tazón.

El mago apareció inmediatamente y les dijo:
—¿Por qué me habéis desobedecido?
Los discípulos se pusieron de pie y negaron. El mago declaró:
—Mi nave ha zozobrado en el confín del Mar Amarillo. ¿Cómo os atrevéis a engañarme?

Una tarde, encendió en un rincón del patio una pequeña vela. Les ordenó que la cuidaran del viento. Había pasado la segunda vigilia y el mago no había vuelto. Cansados y soñolientos, los discípulos se acostaron y se durmieron. Al otro día la vela estaba apagada. La encendieron de nuevo. El mago apareció inmediatamente y les dijo:
—¿Por qué me habéis desobedecido?
Los discípulos negaron:
—De veras, no hemos dormido. ¿Cómo iba a apagarse la luz?

"La secta del Loto Blanco",
en Antología de la literatura fantástica.

LECCIÓN 39

Verbos con H

Lee.

Realmente nos creyeron que **había** un tesoro escondido, y que el mapa se **hallaba** en un cofre en el fondo del mar.

Vuelve a escribir las palabras en negritas.

_____   _____
(   )   (   )

En los paréntesis, escribe los infinitivos correspondientes.

ATENCIÓN: Los verbos **haber** y **hallar** (hallarse) se escriben con h en todas sus formas y personas.
hay, hubo, habrá
halló, halle, hallaría

RECUERDA: El verbo **haber** es un verbo auxiliar. Con él se forman los tiempos compuestos de todos los verbos.

A Completa con la forma correcta de **haber** o **hallar**.

ACUÉRDATE: haya (de haber)
halla (de hallar)

1. ¿No _____ agua? ¡Qué lata!

2. Ayer no _____ agua en todo el día.

3. Nosotros no _____ la manera de decirle la verdad.

4. Cuando _____ fiesta, avisen.

VERBOS CON H

5. Ellos no _____ estudiado nada en todo el mes, por eso _____ difícil el examen.

6. Si hubiera sabido que me necesitabas, _____ venido.

7. No creo que _____ suficiente azúcar.

8. Yo _____ estado preguntando por ti todo este tiempo.

9. Nunca lo habríamos dicho, si _____ sabido que te ibas a molestar.

10. En los últimos días no _____ ninguna manifestación.

11. ¿_____ estado preguntando alguien por mí?

12. Anoche _____ un temblor muy fuerte.

13. Buscaron al ladrón por todas partes, pero no lo _____.

14. El pobre perro no _____ dónde esconderse.

15. ¿Te comenté que _____ regresado Margarita?

B Escribe la forma verbal que se pide.
Fíjate en el ejemplo.

Antepresente de habitar (yo) — he habitado
Antepospretérito de hostigar (él) — habría hostigado
Antecopretérito de herir (tú) — habías herido
Antepospretérito de hervir (ellos) — _____
Antepresente de habitar (ellos) — _____
Antecopretérito de hundir (nos) — _____
Antepresente de hostigar (tú) — _____
Antepospretérito de herir (yo) — _____
Antepospretérito de herir (tú) — _____
Antepresente de habitar (nos) — _____
Antecopretérito de hervir (yo) — _____
Antepresente de huir (nos) — _____

Antecopretérito de herir (él)
Antecopretérito de hostigar (ellos)
Antepospretérito de habitar (nos)
Antepresente de hostigar (él)
Antecopretérito de hundir (ud.)
Antepospretérito de huir (nos)
Antecopretérito de habitar (ellos)
Antepresente de hervir (tú)
Antepospretérito de huir (tú)
Antepresente de herir (nos)
Antepospretérito de habitar (ella)
Antepresente de huir (yo)
Antepresente de hundir (nos)
Antepospretérito de hostigar (ellos)
Antepospretérito de herir (el)
Antepresente de habitar (él)
Antecopretérito de hostigar (yo)
Antepospretérito de huir (ud.)
Antecopretérito de hundir (tú)
Antecopretérito de hervir (nos)

- Escribe la conjugación completa de **haber** y **hallar**.

C Lee.

Hago ejercicio todos los días.
Haz la tarea con cuidado.
Hacen un gran esfuerzo.
Hizo mucho calor en la tarde.

Subraya el verbo de las oraciones anteriores.

Escribe el infinitivo _____ .

ATENCIÓN: Todas las formas del verbo **hacer** se escriben con **h**.

VERBOS CON H

• Conjuga en tu cuaderno el verbo **hacer** en todos sus tiempos y personas.

OBSERVA:

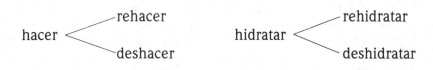

D Forma una palabra compuesta con los siguientes verbos.

1. habitar　　　　　　　　　4. honrar
2. humanizar　　　　　　　 5. habilitar
3. huir　　　　　　　　　　 6. heredar

• Copia en tu cuaderno las palabras que acabas de formar.

E Encuentra las voces homófonas y escríbelas.

~~a~~	has	aya	halla(vb)
haya (vb)	~~¡ah!~~	e	¡eh!
haz (vb)	he (vb)	as	~~ha (vb)~~

　　　a　　　　　　　　¡ah!　　　　　　　ha (vb)

229

asta	hojear	aprehender	hecho
hola	abría (vb)	hasta	ola
aprender	echo	ablando (vb)	habría (vb)
hablando (vb)	¡ay!	izo (vb)	ojear
hizo (vb)	aremos (vb)	hay (vb)	haremos (vb)

F Escribe en tu cuaderno las formas verbales (vb) del ejercicio anterior, y escribe también su infinitivo.

- Busca en tu diccionario el significado del resto de las voces homófonas y escríbelo en tu cuaderno.

RECUERDA: La ortografía también es cuestión de práctica.

LECCIÓN 40
Completar textos narrativos

En esta ocasión vamos a completar fragmentos de textos. Tú ya tienes las armas para hacerlo, pues ya sabes redactar bien. Ahora, echa a volar tu imaginación, inventa nuevas situaciones, agrega muchas ideas, y completa lo que haga falta.

Fíjate en el ejemplo:

Aquel día, para festejar su cumpleaños tuvo la idea de llegar hasta la altura de El Caballito.
—Ahora sí, caballo, me voy a montar en tus lomos para ver qué tan bien miras las cosas—. Se dijo a sí mismo, feliz de haber cumplido su deseo.

¿A qué momento del relato piensas que corresponde este fragmento? ¿Al desenlace de la historia? Si ésa es la respuesta, entonces faltan la presentación y el nudo. Tú vas a escribirlos. Podrías empezar así:

PRESENTACIÓN

Manuel era un muchacho de 14 años, buen hijo y buen estudiante. Él vivía en Celaya y desde pequeño había sentido una especial atracción por las estatuas ecuestres.
Pensaba que los jinetes eran héroes inmortales y legendarios que habían sido esculpidos en el momento de iniciar una batalla que estaban seguros de ganar. Amaba esas estatuas, soñaba con ellas y con sus jinetes heroicos. Deseaba mucho verlas y admirarlas.

NUDO

Por eso, cuando le ofrecieron que de cumpleaños iría a la ciudad de México, se puso muy contento: ¡deseaba tanto ver la estatua ecuestre de Carlos IV! Pero había una condición: sus calificaciones deberían ser muy buenas. Esto no era difícil para él, acostumbrado como estaba a estudiar mucho y a cumplir con todos sus deberes.

Llegó el último día de clases, tomó la palabra el director y empezó a recitar los nombres de los alumnos más sobresalientes; Manuel sintió un pequeño vacío en el estómago: su nombre no estaba entre ellos. El director hizo una pausa, carraspeó un poco y, finalmente, dijo su nombre, y agregó que intencionalmente había dejado para el final al alumno más distinguido de la escuela. ¡Promedio de diez! Manuel sintió un leve vértigo, mientras sonreía emocionado.
—¡Bravo!— gritó después. ¡El martes estaré en México!

Y llegó al Distrito Federal con su familia. De inmediato se dirigieron al Centro Histórico para que Manuel pudiera admirar la estatua tan deseada.

A Ahora que ya escribimos las partes que faltaban del relato, escríbelo completo, añádele todas las ideas que se te ocurran, revisa tu trabajo e intégralo en tu carpeta.

B Trabaja el siguiente fragmento como en el ejemplo anterior.

El encuentro había sido sorpresivo. ¿Cómo imaginar que en esta reunión en casa de los Avendaño iba a volver a estar con aquellos antiguos compañeros?

Piensa que el fragmento corresponde al principio de la presentación. Complétala y añade el nudo y el desenlace.

C Piensa ahora que el fragmento anterior corresponde al desenlace. Escribe la presentación y el nudo. Cambia el tema y los personajes para que resulte un relato completamente diferente del anterior.

D En este ejercicio imagina que el fragmento corresponde al desenlace y escribe la presentación y el nudo. También en este caso cambia tema y personajes para que practiques diferentes situaciones.

LECCIÓN 41

Puntuación (repaso)

Vamos a repasar el uso de los signos de puntuación.

A Lee con cuidado el siguiente texto y coloca los signos de puntuación que hemos omitido.

> 15 comas
> 3 signos de admiración
> 1 signos de interrogación
> 2 guiones largos

Bueno ya que te empeñas de acuerdo Puesto que no encuentras nada que decirme la franqueza exige que yo te confiese no encontrar tampoco nada por mi parte al haber agotado ya todas las formas existentes para hacerte comprender lo que tú te obstinas desde hace cinco largos meses en no querer oír. Puse en ello sin embargo cuanta delicadeza puede haber en mi corazón y cuanta variedad puede verse en mi pluma. Por qué has querido invadir una vida que no me pertenece y cambiar toda mi existencia al capricho de tu amor He sufrido mucho al ver los inútiles esfuerzos que hacías para derribar esa roca que ensangrienta las manos cuando se la toca. Me acusas continuamente de egoísmo y de dureza. Dices que dentro de ti hace ya tiempo que te diste cuenta de que no te amaba. Es un error Te equivocas mi pobre amiga Fui a ti porque te amaba. Aún te amo igual. Te amo a mi manera a mi modo según mi naturaleza. Tú hubieras necesitado te lo dije ya en los primeros días a un hombre más jóven más ingenuo y cuyo corazón menos maduro despidiera un aroma más verde.

Gustavo Flaubert,
Correspondencia íntima.

B En el siguiente texto omitimos algunos signos de puntuación. Léelo con cuidado y colócalos en donde corresponda.

> 7 comas
> 1 dos puntos
> 1 punto y coma

Las ménades

Alcanzándome un programa impreso en papel crema Don Pérez me condujo a mi platea. Fila nueve ligeramente hacia la derecha el perfecto equilibrio acústico. Conozco bien el teatro Corona y sé que tiene caprichos de mujer histérica. A mis amigos les aconsejo que no acepten jamás fila trece porque hay una especie de pozo de aire donde no entra la música ni tampoco el lado izquierdo de las tertulias porque al igual que en el Teatro Comunale de Florencia algunos instrumentos dan la impresión de apartarse de la orquesta flotar en el aire y es así como una flauta puede ponerse a sonar a tres metros de uno mientras el resto continúa correctamente en la escena lo cual será pintoresco pero muy poco agradable.

Julio Cortázar,
Relatos

C En el siguiente texto coloca los signos de puntuación que omitimos.

> 10 puntos
> 8 comas
> 1 punto y coma

La cañada todavía estaba a oscuras El sol que empezaba a nacer por los llanos de Tierra Colorada aún no había podido entrar al fondo de estas peñas todas quebradas con matorrales y pájaros En el río que pasa rebotando entre las piedras de abajo todavía estaba la noche con sus luciérnagas Los muchachos que andaban pasando por la última cresta del cerro se llenaban los ojos con la enorme naranja que hacía el sol brotando de entre las nubes Estaba amaneciendo pero esto no se notaba en el fondo de esta cañada que le dicen del Principio

Los árboles enredaban las ramas unos en otros con la hamaca de los bejucos Las urracas estaban ya volando El grito plateado de las peas se colgaba de los panales y hacía zumbar los avisperos

El coronel fue distribuyendo los puestos Los hombres escogían el hueco de una peña o el tronco derribado de un árbol y algunos llegaban a trepar por una ceiba y acomodarse entre las ramas con la carabina suspendida a las espaldas

Eraclio Zepeda,
Benzulul.

D En el siguiente texto omitimos algunos signos de puntuación. Léelo con cuidado y colócalos en su lugar.

> 14 comas
> 13 puntos
> 4 dos puntos
> 3 punto y coma

En todas las estaciones hay relojes dos reciben aquí a los pasajeros como confusas amenazas horas y agujas mimetizadas con la pared círculo de rayitas y dos rayas que se mueven a la entrada de los andenes hay uno eléctrico muy nítido y uno más todavía en el restorán uno humilde y doméstico Ahora bien el día de hoy sufren corto desacuerdo tienen más prisa los del vestíbulo van tres minutos adelante del autoritario en los andenes Y en el reloj del restorán se cuentan siete minutos menos

Llega gente incesantemente Sale gente arribó un tren Gente cargada de bultos Abrazos besos nerviosidad maletas baúles bultos Una vagonetita viene del exprés todos a un lado rápidamente pasa Gente Gente con bultos con prisa Gente en el vestíbulo faltan 27 para las seis

Emilio Carballido,
El tren que corría.

LECCIÓN 41

E Lee con atención el siguiente texto. Analízalo y recuerda el uso de los signos de puntuación antes de colocar los que hemos omitido.

> 45 comas
> 9 dos puntos
> 7 punto y coma
> 4 guiones largos
> 2 signos de admiración

En fin que aquí hay lugar para todo y para todos.

Por fin le ha llegado su hora a la costa. Sólo una gente como su fina persona era capaz de hacer el milagro.

Usted desde que lo conocí desde que supe de usted y vi sus primeros retratos en los periódicos yo dije éste es mi gallo perdón éste es el hombre que necesitábamos recordará usted don Pánfilo y no me dejará echar mentiras.

Cómo no don Sotero. Yo aquí por todo el rumbo anduve con la buena noticia ahora sí va a haber movimiento se van a mover todas estas tierras y sin necesidad de gringos que es de lo que siempre he tenido miedo aquí que se lo digan mis amigos con lo ricas que son aquí algodón aquí caña de azúcar aquí tabaco maíz ni se diga usted ha visto las milpas que se doblan hasta cuatro toneladas por hectárea sin riego ni fertilizantes ni maquinaria que los pastos una chulada para el ganado que no más no hay cómo sacarlo aquí minerales y dicen que hasta petróleo tenemos que llevarlo a unos lloraderos de chapopote que hay cerca del río aquí que para eso que le dicen el turismo que anda tan de moda pues voy a hacer las veces del dueño don Ricardo que quién sabe por qué no ha vuelto a estas horas dejándonos aquí no más a todos sus invitados principalmente a usted no me queda otro remedio que hacer sus veces arremedándolo para decir que no hay otro lugar mejor las playas las puntas los palmares la vena de mar la jungla y hasta aguas termales junto a la barra ya no digamos la cantidad de pesca y entre las peñas fáciles de agarrar con la mano unas langostas unos ostiones y langostinos y los chacales de río en fin para no hablar de los bosques aquí no más los de nuestro amigo don Eulogio tenemos que quitarnos el sombrero.

Agustín Yáñez,
La tierra pródiga.

LECCIÓN 42

Cambiar el narrador

El repaso de esta lección lo dedicaremos a cambiar el narrador.

RECUERDA:
> Voces del narrador:
> - 1a. persona
>   **He visto** muchas mujeres vestidas de negro.
> - 3a. persona
>   Nuestro amigo no le **entendía**; el hombre **parecía** turbado por la emoción.

(Tú ya sabes que hay otros narradores; sin embargo, los que anotamos en el cuadro son los más frecuentes. Los otros, los verás en tu clase de Literatura.)

A Cambia de la primera a la tercera persona.

Me mudé el jueves pasado, a las cinco de la tarde. He cerrado tantas maletas en mi vida, me he pasado tantas horas haciendo equipajes que no llevaban a ninguna parte, que el jueves fue un día lleno de sombras y correas, porque cuando yo veo las correas de las valijas es como si viera sombras, elementos de un látigo que me azota indirectamente, de la manera más sutil y más horrible. Pero hice las maletas, avisé a la mucama que vendría a instalarme, y subí en el ascensor.

"Carta a una señorita en París",
Julio Cortázar.

EJEMPLO:

Se mudó el jueves pasado, a las cinco de la tarde. Ha cerrado tantas maletas en su vida, se ha pasado tantas horas haciendo equipajes que no llevaban a ninguna parte,...

Te hemos dado como ejemplo las primeras líneas del fragmento. Continúa trabajando tú el resto.

Recuerda que las palabras que debes cambiar son los verbos, pero además hay que hacer otros cambios, necesarios para conservar el sentido de las ideas.

B Cambia a la tercera persona.

Camino por una calle cualquiera. Otros hombres pasan a mi lado. Ni los miro ni me miran. Somos iguales, pero extraños, con el mismo paso y tal vez con el mismo pensamiento. Somos iguales y yo nunca sabré nada de ellos, ni su nombre siquiera. Es entonces cuando me siento extrañamente solo; pienso que los demás se sienten igual y me asalta un casi irresistible deseo de detener a alguien y pedirle con naturalidad y con mi tierno calor humano, ¿con qué cosa mejor?, que hablemos un rato.

Camino un poco más, dejo pasar todo. Apenas si miro en torno mío. Y llego a mi casa con la sensación de un gran vacío que pudo llenarse con sólo decir una palabra o tender los brazos.

El libro vacío,
Josefina Vicens.

C Cambia a la primera persona.

Estuvieron dentro de la alberca mucho tiempo. Cuando salieron se tendieron en el pasto y se quedaron tomando el sol hasta que un mesero les avisó que se terminaba el servicio.

Teresa quería nadar un poco más, pero la convencieron de que no había tiempo. Más tarde fueron a comer al centro de la ciudad, después Leonor propuso que caminaran un poco por la plaza. Leonor se empeñó en caminar hasta la catedral. Les dijo que quería entrar un momento y Tere se sentó a esperarla en uno de los bancos del atrio.

Figura de paja,
Juan García Ponce.

LECCIÓN 43

Usos de G

Lee con atención.

Los líneas tomaron la forma de un **rectángulo** al que el **ingeniero** Zamora dividió en muchos otros **rectángulos**, rectificados varias veces y copiados más tarde en otra hoja, limpia, **siguiendo** la cuadrícula del papel, pero sin poner esmero en que las líneas resultaran rectas, porque no tenía importancia, porque ya en su época de estudiante demostró tener un pulso firme, no como el pulso prematuramente tembloroso de su hijo a quien sorprendió una noche inclinado sobre el restirador de la biblioteca, rascándose la cabeza, **apagando** la colilla de un **cigarro** en el cenicero repleto que levantó para irlo a vaciar en el cesto de la basura lleno de papeles **arrugados**.

Vicente Leñero,
Los albañiles.

RECUERDA: La letra **g** corresponde a dos sonidos: [g] gato, **gu**erra, **gu**iso, gota, gula y [j] giro, gente.

No olvides que siempre se necesita la **u** para obtener los sonidos [ge] y [gi]

A Completa con ge, gi, gue, gui,

1. Re____na
2. ____rasol
3. á____la
4. ____neroso
5. ____rrero
6. ____nial
7. li____ro
8. lán____do
9. ____nio.
10. se____ta
11. ri____do
12. re____o
13. Ro____lio
14. hi____ra
15. jil____ro
16. ____melo
17. pá____na
18. se____do
19. a____tar
20. man____ra

OBSERVA:

El actual Palacio **Legislativo** de la Ciudad de México es el lugar donde se **generan** los cambios en la **legislación** de nuestro país, ya que los senadores y diputados que ahí se reúnen tienen el **legítimo** derecho de hacerlo.

FÍJATE: Las palabras que empiezan con **legi-legis** se escriben con g. Excepto: **lejía**.

B   Escribe palabras relacionadas con las que se dan.

Ejemplo:
región { regional / regionalista

legión { _____

legítimo { _____

legislar { _____

- La palabra **legislar** debe su ortografía a sus raíces latinas. Investígalas con tu profesor de español o acude a una biblioteca y comunícales a tus compañeros el resultado de tu investigación.

C   Elabora un crucigrama con las siguientes palabras. Recuerda que los significados se presentan para colocar las palabras en forma vertical u horizontal.

Verticales
1. legible
2. legionario
3. legista
4. legislativo

Horizontales
1. legítimo
2. legislatura
3. legión
4. legislador

Lee atentamente.

La planeación de la Independencia de México se realizó con una estrategia **genial**, mediante la cual, los **insurgentes** supieron actuar de acuerdo con las **exigencias** de ese momento.

¿Qué tienen en común las palabras en negritas?
Como puedes darte cuenta, el grupo **gen** puede aparecer al principio, en medio o al final de la palabra.

ATENCIÓN:

> El grupo **gen** normalmente se escribe con g. Hay excepciones: **ajenjo, comején, avejentar, jengibre.**

D Completa el cuadro. Después emplea en una oración la palabra que escribiste.

_____ inteligente	agencia _____	
_____ insurgente	vigencia _____	
_____ exigente	emergencia _____	

• En las palabras anteriores el grupo **gen** aparece en medio.

E Forma palabras partiendo del centro hacia afuera como indican las flechas. Escríbelas en las líneas de abajo empezando con las más usuales.

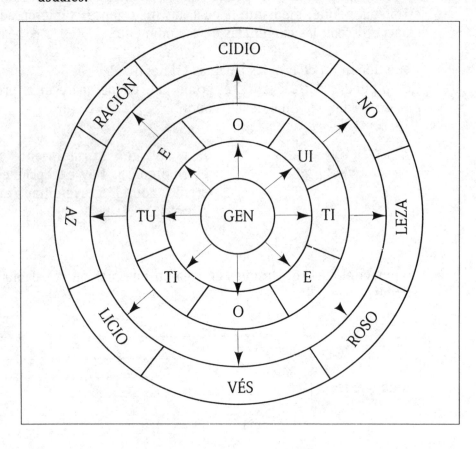

• En estos casos, el grupo **gen** aparece al principio de las palabras.

F Sigue formando palabras. Escríbelas en singular y plural.

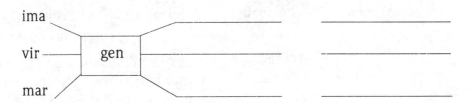

- Estas palabras tienen dos peculiaridades:

a) son homónimas: se escriben igual, pero tienen significados diferentes.

b) al cambiar a plural se convierten en esdrújulas, por lo tanto, se acentúan.

G Completa con el homónimo adecuado.

1. Con el TLC varios bancos mexicanos cambiaron su _____.
2. Necesito un caset _____ para grabar la película.
3. La _____ de algunos canales de televisión es defectuosa.
4. Todos los _____ de mis cuadernos miden dos centímetros.
5. En América y en Europa se adoran diferentes _____.
6. Cuando hay alguna discusión sin sentido; es mejor mantenerse al _____.

- Escribe en tiras de cartulina las excepciones. Marca con color el grupo **jen** y colócalas en tu salón para que las vean tus compañeros.

OBSERVA:

biológico   **biología**   **ideológico**   **ideología**

ATENCIÓN: Las terminaciones **gico** y **gía** se escriben con g. Excepto: **hemipléjico, bujía, crujía, herejía, canonjía, lejía, apoplejía** y otras menos usuales.

H Completa los cuadros según convenga.
Ej: enérgico—energía   Los maestos deben actuar con energía.

gico	gía	Oración
cronológico		
	etimología	
geológico		
	zoología	
pedagógico		
	astrología	
teológico		
	antología	
ecológico		
	mitología	

USOS DE G

I Encuentra siete excepcciones terminadas con **jía**. Escríbelas a la derecha con el acento correspondiente.

V	Y	A	P	O	P	L	E	J	Í	A	C	Ñ
Z	R	P	R	W	V	X	R	B	P	O	O	H
C	Y	E	O	Y	D	X	H	Q	K	P	S	E
A	R	G	V	I	W	A	L	P	R	I	O	R
N	K	R	S	E	X	W	V	B	M	N	H	E
O	P	Y	B	U	J	Í	A	I	U	N	C	J
N	Y	V	T	W	F	T	V	Z	R	M	E	Í
J	R	O	V	I	O	D	I	T	B	P	V	A
Í	L	A	G	F	P	M	E	J	Í	A	O	R
A	B	I	Q	R	C	W	S	C	A	V	R	M
P	R	S	V	I	L	Z	G	I	O	S	P	I
P	C	R	U	J	Í	A	N	L	E	J	Í	A

1. _____
2. _____
3. _____
4. _____
5. _____
6. _____
7. _____

• Vuelve a escribirlas en tu cuaderno e investiga su significado.

J Completa el cuadro sinóptico escribiendo dos palabras que ejemplifiquen las terminaciones que se enlistan.

Se esciben con g
{
gélico
gena
genario
géneo
gerio
genio
génito
gésimo
gético
ginal
gión
gioso
}

• Elabora 12 tarjetas. En el reverso escribe la terminación y las palabras del ejercicio anterior y en el anverso los significados para que las consultes cuando las necesites.

Escribir itinerarios y anécdotas

LECCIÓN 44

En esta lección vamos a ser a la vez el narrador y uno de los personajes. Sí, porque escribiremos sobre situaciones, tanto cotidianas como extraordinarias, que hayamos vivido.

Lee con atención.

Cuando suena el despertador a las seis de la mañana como todos los días, me levanto, me baño, me arreglo, desayuno con mi familia y a la siete salgo para la escuela. Paso por Arturo, mi vecino y amigo, juntos llegamos a las 7:20 a la escuela. Entramos y nos colocamos en el lugar correspondiente para la formación de la mañana. A las 7:30 ya estamos en nuestro salón empezando un nuevo día.

El texto anterior ejemplifica un día común de la vida de un estudiante. Fíjate que se anotaron las actividades con su horario. A eso le llamamos **itinerario,** y es un tipo de narración que vas a practicar en seguida.

A Realiza el siguiente itinerario.

Saldrás de tu casa más temprano porque pasarás al trabajo de tu papá a dejarle una carpeta que olvidó; después irás a tu escuela en donde el director te comisionará para atender la cooperativa. Al salir de la escuela irás a comer a casa de una tía que está enferma y a la que debes comprar una medicina. Después de hacer esto último, irás a casa de un amigo para hacer juntos la tarea. Al terminar la tarea cumplirás dos encargos de tu mamá: poner una carta en el correo y comprar unas cosas en el supermercado porque te queda de paso.

¿Te parece un día agitado? Imagina que debes volver a las siete de la noche a tu casa. Piensa bien en la distribución del tiempo para que te sea posible organizar bien las actividades y redactar claramente lo ocurrido este día.

Leeremos a continuación un breve texto que se refiere a un hecho extraordinario por curioso, divertido o poco común. Es lo que llamamos una anécdota.

RECUERDA: **Una anécdota es un relato breve de un suceso curioso o interesante o de un rasgo de alguien.**

Fíjate en el ejemplo.

Alejandro el Grande adoptó la costumbre de taparse una oreja cuando escuchaba a un acusador.
 Al preguntarle la razón por la cual hacía aquello, les contestó:
—Ser Juez es muy difícil. Hay que ser justo. Por eso guardo la otra oreja, para oír al acusado.

Frases y anécdotas de hombres célebres,
Julián Álvarez del Castillo (compilador).

B Escribe tres hechos curiosos que te hayan sucedido en cada uno de los tres años de tu secundaria.

C Pregunta a un familiar o a un profesor si tienen alguna anécdota que contar. Grábalos y transcribe sus relatos en una hoja. Haz las correcciones de estilo que sean necesarias, pasa en limpio tu trabajo y agrégalo a tu carpeta.

LECCIÓN 45

Verbos con G

OBSERVA:

        contagiar   refrigerar   refugiar

Hoy (yo)	contagio	refrigero	refugio
Ayer (él)	contagió	refrigeró	refugió
Mañana (nosotros)	contagiaremos	refrigeraremos	refugiaremos

La coincidencia de estas formas verbales se encuentra en la letra _____ .

FÍJATE:

> Se escriben con **g** los verbos terminados en **giar** y **gerar**, excepto **agujerar**.
> Observa que todas sus formas conservan la g del infinitivo

A Lee atentamente.

Isabel **aligeró** la tensión que se sentía en la pequeña sala después de haber escuchado aquel testamento. Nos miró uno a uno y se detuvo en Carlos y Ana Luisa. Era como si **presagiara** todo lo que iba a ocurrir. Carlos comentó que papá **había exagerado** en las cláusulas. Fue cuando Ana Luisa no pudo más y se **refugió** en su recámara sin pensar que con esa actitud **desprestigiaría** a su familia.

Localiza en el texto anterior las formas verbales que tienen una **g**, enlístalas y escribe delante de cada una el modo, el tiempo, la persona y el infinitivo correspondientes.

	Verbo conjugado	Modo y tiempo	Persona	Infinitivo
1.				
2.				
3.				
4.				
5.				

248

B Conjuga los siguientes verbos en el tiempo y las personas que se indican.

REFUGIARSE		yo	tú	él
Modo indicativo	Presente			
	Pretérito			
	Futuro			
Modo subjuntivo	Presente			
	Pretérito			

ALIGERAR

		yo	tú	él
Modo indicativo	Pretérito			
	Futuro			
	Copretérito			

ALIGERAR

		yo	tú	él
Modo subjuntivo	Presente			
	Pretérito			

		nosotros	ustedes	ellos
Modo indicativo	Presente			
	Pretérito			
	Futuro			
Modo subjuntivo	Presente			
	Pretérito			

CONTAGIAR

		nosotros	ustedes	ellos
Modo indicativo	Futuro			
	Copretérito			
	Pospretérito			
Modo subjuntivo	Presente			
	Pretérito			

C Completa las oraciones con los verbos indicados debajo de la línea.

1. Anoche, esas nubes _____ una fuerte tormenta.
   (presagiar)

2. Su tono de voz _____ una plática muy seria.
   (presagiar)

3. Su informalidad definitivamente lo _____ ante su jefe.
   (desprestigiar)

4. ¡Quédate! No queremos que te _____ de varicela.
   (contagiar)

5. Rita _____ todos los alimentos hasta que la sacamos de su
   (refrigerar)
   error.

6. En los momentos difíciles nos _____ con un amigo.
   (refugiar)

7. Ahora sí, Lidia _____ con ese vestido tapizado de
   (exagerar)
   lentejuela.

8. ¡_____ el paso! Sólo tenemos diez minutos para llegar.
   (aligerar)

9. En las ceremonias siempre _____ a la escolta por su
   (elogiar)
   magnífica coordinación.

10. Mónica es tan trabajadora que _____ a sus compañeros
    (contagiar)
    con su dinamismo.

VERBOS CON G

Lee con atención:

Por fin nos **dirigimos** a la colonia Roma para **recoger** a Sandra y poder estar a tiempo en el teatro. Raúl fue quien **escogió** la obra. Ya lo conocíamos. Aunque nos daba a **elegir** siempre terminaba imponiendo su voluntad. Según él, nos "**protegía**" de la ignorancia.

¿Puedes señalar la terminación de los verbos en negritas?

Mucha atención:

>Luis reco**ge** los papeles.
>Yo reco**jo** los papeles.
>Es necesario que él reco**ja** los papeles.

Ella diri**ge** bien las maniobras.
Yo diri**jo** bien las maniobras.
Tal vez ellos diri**jan** bien las maniobras.

> Los verbos terminados en **ger** y **gir** se escriben con g en el infinitivo, excepto **tejer** y **crujir**.
> La **g** del infinitivo la conservan en todas las formas de la conjugación, excepto antes de las letras **a** y **o**. En este caso la g se cambia por una j para conservar el sonido original del infinitivo.
> Esto sucede en la 1a. persona del presente de indicativo y en todas las personas del presente de subjuntivo.

D Cambia como en el ejemplo.

Luisa finge que no me ve.
Yo finjo que no veo a Luisa.
Tal vez ellos finjan que no nos ven.

1. Él escoge los mejores poemas.
Yo
Puede que ella

2. Ellos eligen el programa.
Yo
Quizá ustedes

3. El doctor funge como jurado en el certamen.
Yo
Tal vez la maestra

4. Leonor acoge amablemente a los visitantes.
Yo
Es posible que ellos

5. Carmen no infringe las leyes de tránsito.
Yo
No creo que ustedes

6. Yolanda protege a los animales callejeros.
Yo
Ojalá ellos

VERBOS CON G

E Conjuga en presente de indicativo y subjuntivo los siguientes verbos.

ELEGIR		ESCOGER	
Indicativo	Subjuntivo	Indicativo	Subjuntivo

CORREGIR		RECOGER	
Indicativo	Subjuntivo	Indicativo	Subjuntivo

CRUJIR		TEJER	
Indicativo	Subjuntivo	Indicativo	Subjuntivo

F Escribe dentro del paréntesis el modo y el tiempo del verbo. Después elabora una oración con cada uno.

1. transigiremos ( )

2. emergían ( )

3. se afligía ( )

4. restringieran ( )

5. surgió ( )

G Agrupa los verbos del cuadro de acuerdo con su terminación. Escribe después la regla ortográfica correspondiente y las excepciones principales.

proteger	refrigerar	infringir	desprestigiar
dirigir	elegir	encoger	aligerar
contagiar	refugiar	exagerar	recoger

giar, gerar

ger, gir

LECCIÓN 46
Describir personas y lugares

Al revisar los recursos de escritura de que nos valemos para escribir un relato, vimos que la descripción es un elemento de gran importancia. Al describir, pintamos con las palabras; es decir, añadimos a un objeto, una persona o un lugar, colores, volumen, sabor, olor, y toda la información que juzguemos necesaria para dar la imagen que deseamos.

RECUERDA:

> La **descripción** es una pintura de lugares, objetos, personas, estados de ánimo, etc., que hacemos con las palabras.

Lee con atención.

—¿Amalia?— pregunté.

—Sí. Y me pareció que yo mismo me contestaba.

El salón como lo había imaginado, era pequeño. Mas el decorado, respondiendo a mis anhelos, chocaba notoriamente con el del vestíbulo. Allí estaban los tapices y las grandes sillas respetables, la piel de oso al suelo, el espejo, la chimenea, los jarrones; el piano lleno de fotografías y estatuillas —el piano en que nadie toca—, y, junto al estrado principal, el caballete con un retrato amplificado y manifiestamente alterado: el de un señor de barba partida y boca grosera.

La cena,
Alfonso Reyes.

A En el fragmento anterior, Alfonso Reyes describe un salón y nos dice que el decorado del vestíbulo era diferente. ¿Cómo lo imaginas? Descríbelo con todos sus detalles. Describe también la cocina y el jardín de esa misma casa.

B Describe en forma detallada la oficina de la Dirección de tu escuela.

C Consigue tres fotografías de artistas, deportistas o personajes que tú admires. Haz una descripción detallada de cada una de ellos.

D Ahora toma tres postales que te hayan enviado o tres fotografías de paseos a los que hayas asistido y colócalas en hojas tamaño carta. Sitúate en un punto imaginario, y desde ahí describe los lugares de las ilustraciones.

LECCIÓN 47
Acentuación (repaso)

En esta lección vamos a repasar la acentuación. En todos los textos hemos omitido los acentos, colócalos después de haberlos leído.

> 40 acentos

Al sentir por el ruido del yip que tan pronto se hallaba de vuelta, señal de que no habia podido aguantar mucho tiempo lejos de lo que si ya parecia querencia, la muchacha experimento alegria de recien casada que mira el ansia del marido al volver del trabajo la primera vez que se han separado despues de la boda; vencio la vergüenza y salio a recibirlo.

En la cara del hombre leyo la desgracia. El terror la paralizo. Pudo tajar en seco tres palabras:

—Lo mataste tambien.

Se quedo como piedra. No escucho el principio de la respuesta:

—Cordero dicen... —ni las explicaciones que siguieron.

De la punta de los pies, de las manos, de los cabellos, fue manando entre la piedra de su insensibilidad el impulso de matarlo, como rayo en seco se abalanzo a quitarle la pistola, forcejearon, lo mordio, le clavo las uñas, le salieron odiosas fuerzas, desesperadas al no apoderarse del arma ni sentirse maltratada por la resistencia firme pero mesurada del hombre, que al fin escapo, la contuvo, le hablo:

—Yo mismo te dare la pistola, y me gusta que te me hayas echado asi como leona, valio mas; de otro modo te hubiera despreciado; palabra que te la dare, como se la di a el un dia por aqui cerca en presencia de muchos y como se la ofreci para que me matara en su casa no mas yendosele adrede la punteria, señal de que tengo la conciencia tranquila; pero antes de dartela oye y espera noticias de como sucedio, cerciorate y luego haz lo que quieras con mi pistola, sin necesidad de que trates de quitarmela, yo mismo te la ofrecere bien cargada; mira, orita ni tiros tiene —la hizo funcionar y en efecto estaba vacia de cargador—: ¿entiendes entonces por que te hice resistencia?

El llanto derritio a la estatua de piedra.

Agustín Yáñez,
La tierra pródiga.

LECCIÓN 47

> 24 acentos

Vine a Comala porque me dijeron que aca vivia mi padre, un tal Pedro Paramo. Mi madre me lo dijo. Y yo le prometi que vendria a verlo en cuanto ella muriera. Le aprete sus manos en señal de que lo haria; pues ella estaba por morirse y yo en un plan de prometerlo todo. "No dejes de ir a visitarlo —me recomendo—. Se llama de este modo y de este otro. Estoy segura de que le dara gusto conocerte." Entonces no pude hacer otra cosa sino decirle que asi lo haria, y de tanto decirselo se lo segui diciendo aun despues que a mis manos les costo trabajo zafarse de sus manos muertas.

Todavia antes me habia dicho:

—No vayas a pedirle nada. Exigele lo nuestro. Lo que estuvo obligado a darme y nunca me dio... El olvido en que nos tuvo, mi hijo, cobraselo caro.

—Asi lo hare, madre.

Pero no pense cumplir mi promesa. Hasta ahora pronto que comence a llenarme de sueños, a darle vuelo a las ilusiones. Y de este modo se me fue formando un mundo alrededor de la esperanza que era aquel señor llamado Pedro Paramo, el marido de mi madre. Por eso vine a Comala.

Juan Rulfo,
Pedro Páramo.

> 14 acentos

Mientras avanzaba por la vereda, una parte de su cuerpo se iba quedando en las marcas de sus huellas. Podria haberse quedado ciego de pronto (por una brujeria de la nana Porfiria, o por un mal aire, o por el vuelo maligno de una mariposa negra), y a pesar de ello, seguir el camino hasta el pueblo sin extraviarse. No habia una hiedra que no conociera; ni el pino quemado y roto por la piedra del rayo, ni el nido de la nauyaca, habian escapado al encuentro de sus ojos.

El estar caminando era su vida. Juan Rodriguez Benzulul conocia de memoria todos estos rumbos. Veintidos años de marcar los pasos en esta vereda; dejar su seña en el polvo o en el lodo, segun la epoca.

—Cuando asomo el gobierno pa dar las tierras ya, cuanto hay entendia yo de veredas. Cuando, en despues, los volvieron a quitar, ya no habia quien supiera mas que yo.

Eraclio Zepeda,
Benzulul

ACENTUACIÓN (REPASO)

> 20 acentos

Antonio Jose Bolivar Proaño sabia leer, pero no escribir.

A lo sumo, conseguia garrapatear su nombre cuando debia firmar algun papel oficial, por ejemplo en epoca de elecciones, pero como tales sucesos ocurrian muy esporadicamente casi lo habia olvidado.

Leia lentamente, juntando las silabas, murmurandolas a media voz como si las paladeara, y al tener dominada la palabra entera la repetia de un viaje. Luego hacia lo mismo con la frase completa, y de esa manera se apropiaba de los sentimientos e ideas plasmados en las paginas.

Cuando un pasaje le agradaba especialmente lo repetia muchas veces, todas las que estimara necesarias para descubrir cuan hermoso podia ser tambien el lenguaje humano.

Luis Sepúlveda,
Un viejo que leía novelas de amor.

> 45 acentos

Esto sucedio cuando yo era muy chico, cuando mi tia Matilde y tio Gustavo y tio Armando, hermanos solteros de mi padre, y el mismo, vivian aun. Ahora estan todos muertos. Es decir, prefiero suponer que estan todos muertos, porque resulta mas facil, y ya es demasiado tarde para atormentarse con preguntas que seguramente no se hicieron en el momento oportuno. No se hicieron porque los acontecimientos parecieron paralizar a los hermanos, dejandolos como ateridos de horror. Luego comenzaron a construir un muro de olvido o indiferencia que lo cubriera todo para poder enmudecer sin necesidad de martirizarse haciendo conjeturas impotentes. Bien puede no haber sido asi, puede que mi imaginacion y mi recuerdo me traicionen. Despues de todo yo no era mas que un niño entonces, al que no tenian por que participar las angustias de las pesquisas, si las hubo, ni el resultado de sus conversaciones.

¿Que pensar? A veces oia a los hermanos hablar quedamente, lentamente, como era su costumbre, encerrados en la biblioteca, pero la maciza puerta tamizaba el significado de las palabras, permitiendome escuchar solo el contrapunto grave y pausado de sus voces. ¿Que decian? yo deseaba que alli dentro estuvieran hablando de lo que era importante de verdad, que, abandonando el respetuoso frio con que se trataban, abrieran sus angustias y sus dudas haciendolas sangrar. Pero tenia tan poca fe en que asi fuera, que mientras rondaba junto a los altos muros del vestibulo cerca de la puerta de la biblioteca, se grabo en mi mente la certeza de que habian elegido olvidar, reuniendose solo para discutir, como siempre, los pleitos del estudio juridico que les pertenecia, especializado en derecho maritimo. Ahora pienso que quiza tuvieran razon en desear borrarlo todo, porque ¿para que vivir con el terror inutil de verse obligado a aceptar que las calles de una ciudad pueden tragarse a un ser humano, anularlo, dejandolo sin vida y sin muerte, suspendido en una dimension mas inciertamente peligrosa que cualquiera dimension con nombre?

José Donoso,
Paseo.

LECCIÓN 48

Narrar y describir

En esta lección vamos a unificar los dos recursos empleados en la escritura del relato que ya repasamos: la narración y la descripción.

RECUERDA: Narración = encadenamiento de acciones.
(Las narraciones son tiempo.)
Descripción = pintura de hechos, personajes, lugares, etc.
(Las descripciones son espacio.)

Lee atentamente.

"Las Truchas" es un lugar que se encuentra en el kilómetro 22 de la carretera a Toluca. Debe su nombre a la existencia de un criadero de esos peces en el cual los visitantes pueden elegir el que prefieran para comer. Es un sitio muy atractivo porque las truchas se pasean en los estanques y ofrecen un bonito espectáculo a la vista cuando entran en contacto con el sol. También se percibe un sabroso aroma a pino y se oye el tren a lo lejos. De tal manera que, al estar saboreando el pez que se seleccionó y paladear la suavidad y frescura de su carne, se disfruta de un paisaje muy bello y muy tranquilo, así como de un clima fresco y agradable.

A Escribe.

1. Las líneas correspondientes a la narración.

LECCIÓN 48

2. Las descripciones según el sentido.

vista: _____

tacto: _____

olfato: _____

gusto: _____

oído: _____

B Escribe otra vez el texto del ejemplo. Amplía la información de las descripciones, empleando comparaciones.

Ejemplo: El tren se oye a lo lejos <u>como el eco de un grito en la montaña</u>.

C Describe la ilustración. Para ello emplea los cinco sentidos: la vista, el olfato, el oído, el tacto y el gusto.

262

D Narra algún hecho sucedido en el lugar de la ilustración. Incluye las descripciones que escribiste en las líneas, así como las descripciones de los personajes que aparecen ahí.

Intercambia tu trabajo con un compañero. Da tu opinión y sugerencias sobre su trabajo y atiende las que le hagan al tuyo. Pásalo en limpio e intégralo en tu carpeta.

E ¿Puedes describir lo que ves en esta ilustración?

LECCIÓN 49
Usos de J

Vamos a repasar algunos usos de la **j**.

Lee con atención:

> Es necesario ponerle un vend**aje**.
>
> A mí el model**aje** no me gusta.
>
> Un gato montés es un animal salv**aje**.

RECUERDA: La terminación **aje** se escribe con **j**.
Excepciones: **ambages** y otras de uso poco frecuente.

A Escribe un sustantivo terminado en **aje**, relacionado con la palabra que se da, y completa las oraciones. Fíjate en el ejemplo.

(lengua) A Mónica le interesan mucho los problemas del lenguaje en niños en edad preescolar.

1. (hospedar) Nos dijo Gerardo que en esta pensión era barato el _____ .

2. (aterrizar) Tuvieron que hacer un _____ de emergencia.

3. (drenar) Los servicios públicos están cada vez peor, pero sobre todo el _____ .

4. (tatuar) A mí definitivamente no me gustan los _____

5. (tirar) El libro debe ser muy bueno, porque el _____ fue muy grande.

6. (viajar-equipar) En el _____ nos fue muy bien, el único inconveniente fue la pérdida del _____.

7. (aprender) El _____ de la escritura y la lectura requiere de un grado de madurez. Este tema se ha estudiado mucho.

8. (pasar) En el _____ Zócalo-Pino Suárez del metro está la feria del libro.

9. (carro) Lo que más me gustó del festival fue el _____ del rey feo.

10. (maquillar) Ana dice que ella sin _____ no puede vivir, ¡qué tal!

OBSERVA:

orejera   relojero   consejería

RECUERDA: Todas las palabras que terminan en **jería, jero, jera** se escriben con **j**.
Excepto: **ligero**

B Escribe una palabra terminada en **jero, jera, jería**, emparentada con la que se da.

Fíjate en el ejemplo.

caja	—	cajera	aguja	—	_____
conserje	—	_____	azulejero	—	_____
reloj	—	_____	viaje	—	_____
mensaje	—	_____	calle	—	_____
consejo	—	_____	pasaje	—	_____
oreja	—	_____	cerrajero	—	_____
brujo	—	_____	granja	—	_____

• Vuelve a escribir las palabras que acabas de formar.

LECCIÓN 49

FÍJATE:

adjetivo **obj**eción **adj**unto **obj**eto

RECUERDA: Las palabras que empiezan con **adj** y **obj** se escriben con **j**.

C Busca siete palabras en la sopa de letras. Escríbelas.

A	D	J	E	T	I	V	A	R	K	T	O	B	J	E	T	I	V	O
D	R	P	R	L	V	Y	R	B	I	N	O	P	G	P	D	N	X	B
J	Y	Z	L	S	B	J	N	T	A	D	J	U	N	T	A	R	L	J
U	R	O	B	J	E	T	O	Z	O	N	R	Q	L	I	C	I	B	E
N	K	R	S	E	X	W	V	A	D	J	S	R	J	C	B	C	P	T
T	P	Y	T	D	N	A	A	D	J	U	R	A	C	I	Ó	N	Q	A
O	Y	V	T	W	F	T	V	Z	R	M	E	L	M	R	X	I	V	R

D Coloca las palabras del ejercicio anterior en el lugar que les corresponda.

_____ = Conjuro o exorcismo.
_____ = Acompañar, enviar una cosa juntamente con otra.
_____ = Oponer reparo a una opinión.
_____ = Cosa corpórea.
_____ = Que va o está unido a otra cosa.
_____ = Finalidad.
_____ = Agregar significación al sustantivo por medio de un adjetivo.

La palabra "objetivo", cuando es un adjetivo, tiene otro significado. Escríbelo. Por ejemplo, en: "Luis es poco objetivo en relación con este asunto", objetivo significa: _____

> RECUERDA: La ortografía es cuestión de práctica.

Lee atentamente.

No obstante, fiel a sus hábitos y a fin de no **dejarse** sorprender por quien quiera que fuese, continuó poniendo por obra las medidas precautorias que la prudencia **aconseja**; y, aparte de no soltar ni un instante de la mano la pistola, **bajaba** de la acera antes de llegar a las esquinas, miraba por todas partes y prestaba oído atento a todos los ruidos.

José López Portillo y Rojas,
"Reloj sin dueño" en El cuento Hispanoamericano.

Los infinitivos de los verbos en negritas son _____ , _____ y _____ . Éstos coinciden en la terminación _____ y en que se escriben con _____ , de la misma manera que los terminados en **jear**.

> ATENCIÓN: Los verbos terminados en **jar** y **jear** conservan la j en todas sus formas.
> dejar — hojear.

E Conjuga los verbos en los modos, tiempos y personas que se piden. Después completa la oración debajo del cuadro.

DIBUJAR				
	Indicativo Pretérito	Indicativo Pospretérito	Subjuntivo Presente	Subjuntivo Pretérito
tú				
ustedes				

1. Con un restirador adecuado _____ mejor.

FORCEJEAR				
	Indicativo Futuro	Indicativo Copretérito	Subjuntivo Presente	Subjuntivo Pretérito
él				
nosotros				

2. El guardia _____ con el sentenciado cada vez que le llevaba la comida.

DESPOJAR				
	Indicativo Presente	Indicativo Pospretérito	Subjuntivo Presente	Subjuntivo Pretérito
tú				
ellos				

3. Adolfo pretende que tú _____ a Silvia de sus bienes, pero el licenciado Vargas no lo permitirá.

CANJEAR			
Indicativo Pretérito	Indicativo Futuro	Subjuntivo Presente	Subjuntivo Pretérito
yo _____ ustedes _____	_____ _____	_____ _____	_____ _____

4. ¿Ya _____ todas tus fichas? Cámbiame unas que tengo repetidas.

MANEJAR			
Indicativo Presente	Indicativo Copretérito	Subjuntivo Presente	Subjuntivo Pretérito
ella _____ nosotros _____	_____ _____	_____ _____	_____ _____

5. Si Mario _____ mejor la situación, obtendría valiosos resultados.

F Completa los cuadros con el sustantivo o el verbo según convenga.
Ej: arrojo   arrojar

sustantivo	verbo
_____	remojar
esponja	_____
_____	bajar
agasajo	_____
_____	trabajar
cortejo	_____
_____	dibujar

sustantivo	verbo
canje	_____
_____	cojear
masaje	_____
_____	hojear
gorjeo	_____
_____	burbuja
flojo	_____

ATENCIÓN:

> Ahora quiero que **dibujen** la fachada de la escuela.
>
> Colocaron más cestos para que **arrojen** la basura.

Cuando observamos estas formas verbales recordamos que el grupo **gen,** siempre se escribe con **g.** Sin embargo, esta regla no aplica cuando **jen** forma parte de la terminación de un verbo terminado en **jar.**

RECUERDA: La 3a. persona del plural del presente de subjuntivo de los verbos terminados en **jar** siempre se escribe con **j.**
rebajar—rebajen.

G Completa las oraciones con la 3a. persona del plural del presente de subjuntivo.

Ejemplo: El chef quiere que las claras esponjen hasta que estén a pun-
(esponjar)
to de turrón.

1. Luisa prefiere que entre ustedes _____ la información.
   (manejar)
2. Para que nos _____ el precio, hay que insistir más.
   (rebajar)
3. Todos los que _____ al carbón participarán en la exposición.
   (dibujar)
4. Este es un amparo para que no los _____ de sus terrenos.
   (despojar)
5. La maestra del Taller de Cocina dijo que _____ las
   (remojar)
   almendras para pelarlas con facilidad.
6. Los ganadores del concurso de cuento recibirán su premio cuando se _____ los 30 años del plantel.
   (festejar)

USOS DE J

Lee atentamente.

Tú te **distrajiste** en el momento que el director **dijo** las causas que **produjeron** el accidente ocurrido en el laboratorio de química el viernes pasado.

¿Cuáles son los infinitivos de los verbos en negritas? Claro, **distraer**, **decir** y **producir**, que tienen la peculiaridad de agregar una **j** en determinadas formas verbales de su conjugación.

FÍJATE:
> Todos los verbos terminados en **decir**, **ducir** y **traer** agregan una **j** en los pretéritos de indicativo y subjuntivo.
> decir ⟶ dijo ⟶ dijera

H Encuentra ocho verbos terminados en **decir**, **ducir** y **traer**.

P	T	R	A	D	U	C	I	R	K	T	L	T	J	M	P
Z	R	P	R	O	V	F	R	B	H	O	O	R	G	P	R
C	Y	E	O	Y	D	X	H	Q	K	P	S	A	T	T	O
O	R	G	V	I	W	A	L	P	R	I	O	E	L	I	D
N	K	R	S	E	X	W	V	B	M	N	H	R	N	M	U
D	P	Y	T	D	D	E	C	I	R	N	C	T	Q	A	C
U	Y	V	T	W	F	T	V	Z	R	M	E	L	M	K	I
C	R	O	V	I	O	D	I	T	B	P	V	D	E	F	R
I	L	A	G	F	P	B	E	N	D	E	C	I	R	K	O
R	B	I	Q	R	C	W	S	C	A	V	R	M	T	E	H
P	R	X	V	C	L	L	G	I	O	S	P	I	J	K	L
A	T	R	A	E	R	S	G	C	O	N	T	R	A	E	R

• Los verbos anteriores forman los pretéritos de indicativo y subjuntivo agregando una _____ en todas las personas de esos tiempos.

I Escribe en la primera columna los verbos del ejercicio H ordenados alfabéticamente; en la 2a. columna conjúgalos en pretérito de indicativo; y en la 3a. columna en pretérito de subjuntivo.

Verbo	Indicativo pretérito (tú)	Subjuntivo pretérito (él)
1.		
2.		
3.		
4.		
5.		
6.		
7.		
8.		

J Conjuga en tu cuaderno los verbos del ejercicio anterior en todas las personas.

K Completa las oraciones con el verbo indicado. Usa pretérito de indicativo o de subjuntivo.

1. ¿Qué pasó con Gonzalo? ¿Le _____ que sí?
   (decir)

2. El agente de tránsito nos indicó que _____ sólo por la
   (conducir)
   lateral.

3. ¿Ya _____ el artículo que te tocó?
   (traducir)

4. El año pasado el campo mexicano _____ suficiente
   (producir)
   arroz para el país.

USOS DE J

5. El fin de semana pasado _____ todo lo necesario
   (traer)
   para el día de campo.

6. ¡Felicidades! Con tu trabajo _____ la buena suerte.
   (atraer)

7. Al final de la ceremonia los más devotos acercaron sus imágenes
   para que el sacerdote las _____.
   (bendecir)

8. Rosa y Emilio _____ matrimonio en 1990.
   (contraer)

L Forma pares de palabras relacionadas.
Después, escríbelas en tu cuaderno.

caja	ventajista
empujar	prolijidad
ventaja	brujería
reloj	azulejería
brujo	chantajista
viejo	cajero
chantaje	rejilla
azulejo	viejecillo
reja	relojería
prolijo	empujón

273

LECCIÓN 50
Escribir diálogos

Ya hemos repasado dos recursos de escritura que se emplean en el relato. ¿Qué nos falta? Así es. El diálogo. La voz propia de los personajes, como mencionamos al iniciar el repaso de los textos narrativos.

FÍJATE:

I. —¿Qué día es hoy?— preguntó Úrsulo.
Éste adoptó un gesto dudoso:
—¿Será viernes?—
Úrsulo sonrió.
—No, no es eso. Quería saber qué santo se festeja hoy.

II. El señor Martínez le preguntó a Felipe Hurtado que si pensaba quedarse mucho tiempo con ellos en el pueblo. Felipe contestó que aún no lo sabía, que era muy pronto para tomar una decisión.

Como podrás darte cuenta el I es un ejemplo de diálogo directo, mientras que el ejemplo II nos presenta un diálogo indirecto.

RECUERDA:

En el **diálogo directo** se escriben las palabras textuales de los personajes. (Recuerda que se introducen con guiones largos.)
En el **diálogo indirecto** no oímos directamente la voz de los personajes; otro (el narrador) nos cuenta lo que dijeron, pero sin emplear sus palabras textuales.

ESCRIBIR DIÁLOGOS

A Transforma en diálogo indirecto.

El administrador comentó que vivía allí hacía lo menos veinte años. Su suegra tenía a su cargo la portería y le había conseguido un trabajo de mandadero en casa de la dueña.
La conversación fluyó con animación.
Del Solar dijo que conocía un libro de arquitectura donde se mencionaba el edificio. Comentó que él era historiador, y por eso le gustaría vivir allí.
El administrador preguntó con entusiasmo por el nombre del libro.
Miguel del Solar le explicó que el libro trataba del edificio como obra arquitectónica y que desafortunadamente no existía ninguno que hablara de los inquilinos.

El desfile del amor,
Sergio Pitol.

Tu texto empezaría así:

El administrador comentó:
—Pues yo ya tengo aquí, en este edificio, por lo menos veinte años. Mi suegra...

B Reescribe el siguiente texto. Cuando llegues a la parte de los diálogos, transfórmalos en diálogos indirectos.

La loca Margarita creía que era hija del océano, y obligaba a la vieja Prudencia, su madre, a dormir acompañada de una botella de agua de mar.
—¡Margarita! ¿Quién es tu papá? —a diario le preguntaban los habitantes del puerto.
—Mi padre es el mar; pero un pequeño mar —contestaba la loca, fabricando la carcajada de los vecinos. Así cada día, todo el día.
Cuando la encontraron muerta, el mecánico de las lanchas comentó que "Margarita se había ido a despedir de su padre", pero en contra de la costumbre nadie rió y todo el puerto supo que así había sido.

"Capitán Simpson",
Eraclio Zepeda.

C Observa las ilustraciones siguientes y la conversación que sostienen los personajes. Escribe un breve relato en el que emplees estas conversaciones en forma de diálogo indirecto.

D Escribe una narración a partir de lo que te sugieran las siguientes ilustraciones. Emplea narración, descripción y diálogo. Asígnale un título a tu relato y guárdalo en tu carpeta.

LECCIÓN 51
Uso de paréntesis, puntos suspensivos y guión corto

Lee con atención.

- Eurípides, **Las diecinueve tragedias**, Porrúa, México, 1987, 15a. ed. (Col. Sepan cuantos..., 24)

- Iriarte, Tomás de, **Fábulas literarias**, Espasa Calpe, Madrid, 1972, 4a. ed., (Col. Austral, 1247)

- Antología. **Novela moderna y contemporánea en México**, UNAM, México, 1975, 1a. ed. (Col. Lecturas Universitarias, 23)

FÍJATE: En las fichas bibliográficas, los nombres de las colecciones siempre se escriben entre paréntesis.

A Ordena las fichas bibliográficas como te ha indicado tu profesor. No olvides los paréntesis en las colecciones.

1. *Lectura en voz alta*, México, Col. Sepan cuantos..., 103, Juan José Arreola, 1983, 9a. ed.

2. F. C. E. Col. Popular, No. 86, *La Región más Transparente*, México, Carlos Fuentes, 8a. reimp.

3. Julio Cortázar, Ed. Orbis, Barcelona, 1986, Col. Biblioteca Personal, No. 2, 1a. ed. *Cuentos.*

4. *Poetas novohispanos*, Ed. UNAM, Col. Biblioteca del Estudiante Universitario, No. 33, México, 2a. ed, 1964.

5. Col. Lecturas Mexicanas, 74, Amparo Dávila, *Muerte en el bosque*, 1a. ed., México, 1985.

6. Ed. Bruguera, Barcelona, 1a. ed. 1980, Camilo José Cela, *La Colmena*, Col. Club Bruguera, No. 7.

OBSERVA:

Por otra parte, Rosanela Álvarez, coordinadora de Publicaciones de la Editorial CIDCLI (Centro de Información y Desarrollo de la Comunicación y la Literatura Infantiles), comenta que sus libros son exclusivamente para niños.

En el texto anterior se hace referencia a una empresa editorial por medio de sus siglas; éstas no son del dominio público, por lo tanto el significado aparece en seguida dentro de un paréntesis.

ATENCIÓN: El significado de algunas palabras y/o siglas se escribe entre paréntesis.

B Investiga en un diccionario los significados de las siglas que no conozcas y escríbelos dentro del paréntesis.

Ejemplo: El CONAFE (Consejo Nacional de Fomento a la Educación) anunció una nueva edición de libros de texto.

1. El IMMS (_____)
   da servicio a sus afiliados en toda la República.

2. El Doctor Álvarez estudió en la UNAM (_____
   _____)

3. El CNCA (_____) invita, como todos los años, al espectáculo de "El Lago de los Cisnes".

4. Mi primo Roberto solicitó una beca en el CONACYT (_____
   _____)

5. ¿Aún no saben quién participará en el torneo de la CONCACAF (_____)?

6. En la Ciudad de México con frecuencia el número de IMECA (_____) rebasa la cifra de tolerancia.

• Puedes encontrar el caso contrario, es decir, el significado primero y después —entre paréntesis— las siglas.
  El Instituto Mexicano del Seguro Social (IMSS) aumentó su número de afiliados.

Lee atentamente.

También el crecimiento de las plantas subterráneas (que según la tradición campesina debían sembrarse con luna nueva) cumplió todas las expectativas.

Las palabras que están dentro del paréntesis corresponden a una explicación adicional, que si se suprimiera, no alteraría el sentido de la oración principal.

FÍJATE: Usamos el paréntesis para intercalar una observación de carácter explicativo, relacionada con lo que se está diciendo.

USO DE PARÉNTESIS, PUNTOS SUSPENSIVOS Y GUIÓN CORTO

C Agrega una oración explicativa. Usa el paréntesis.

Ejemplo: A la llegada de los españoles (en el siglo XVI) los indígenas sufren un choque cultural en todos sentidos.

1. El Siglo de las Luces (_____) es una época importante para la cultura universal.

2. Las frutas amarillas (_____) contienen vitamina A y C.

3. Jorge Campos (_____) inició su carrera deportiva en el equipo de la UNAM.

4. Para el mes de julio de 1994 (_____) la mayoría debe tener su credencial para votar.

5. Los signos del zodíaco (_____) deben sus nombres a la mitología griega.

6. Las ciencias experimentales (_____) requieren del trabajo continuo en un laboratorio.

- Localiza en un periódico o en una revista un texto con frases explicativas entre paréntesis y márcalas con amarillo.

Lee con atención.

—Sí, Nickelita, sí, un estornudo de gente de metal acabaría con todo, así como lo oyes, con todo...
—Pero si es así, ¿por qué se lo prohibes a los visitantes, mis gimnastas...?
—Porque en la duda, en la duda, Nickelita, más vale evitar estornudos...
—Gente de metal..., estornudo de gente de metal... —quedóse repitiendo Nickela, mientras pensaba en soldados de coraza y casco...

"El hombre que lo tenía todo todo todo",
Miguel Ángel Asturias.

— ¿Cuándo dejarás de reprobar, Luis?
— No sé maestro. Pero dicen que no hay mal que...

Como te habrás dado cuenta, en los ejemplos anteriores los puntos suspensivos aparecen para indicar expresiones de suspenso, duda, temor o incertidumbre.

ATENCIÓN: **Usamos los puntos suspensivos para dejar incompleto o en suspenso lo que se dice.**

D Escribe en las líneas un texto breve (tuyo o de alguno de tus libros) con el contenido que se indica.

1. Suspenso:

2. Duda:

3. Temor:

4. Incertidumbre:

5. Idea incompleta:

USO DE PARÉNTESIS, PUNTOS SUSPENSIVOS Y GUIÓN CORTO

OBSERVA:

El ar-ti-lu-gio, que pue-de con-si-de-rar-se a-bue-lo de nues-tros as-cen-so-res, con-sis-tí-a en u-na ca-bi-na de ma-de-ra su-je-ta a u-na cuer-da en cu-yo ex-tre-mo se co-lo-ca-ba un pe-sa-do con-tra-pe-so.

Aquellos viejos cacharros, *Muy Interesante*,
Año 4, Abril, 1993.

Recordarás que desde el libro 1 de tu curso *Para escribirte mejor*, aparece en las primeras lecciones "La División Silábica"; en este caso, nos referimos principalmente al uso del guión para dividir las palabras en sílabas.

RECUERDA:
- **El guión corto sirve para dividir las palabras cuando no caben al final de un renglón.**
- **Los diptongos y triptongos nunca se dividen.**

E Separa en sílabas el siguiente texto. Usa tu cuaderno. Fíjate en los diptongos.

Porque eso sí, tenía un miedo muy grande de que algo le sucediera a su hijo... Y no le cabía en la cabeza sino desesperarse al no poder saber nada. "Acaso sufra", se decía. "Acaso se esté ahogando ahí dentro, sin aire; o tal vez tenga miedo en la oscuridad. Todos los niños se asustan cuando están a oscuras."

"Un miedo muy grande",
Juan Rulfo.

- Revisa todos tus cuadernos de apuntes y verifica la división silábica. Corrige las palabras según las reglas que conoces para dividir sílabas.

FÍJATE:

El trabajo de la materia de Español debe ser **teórico-práctico**, a manera de un Taller de Lectura y Redacción que reafirme las bases de la **lecto-escritura** de los primeros años escolares.

Las palabras en negritas se llaman compuestas porque están formadas por elementos que se oponen o contrastan. Cuando no hay oposición, las compuestas forman una sola palabra: **latinoamericano**.
Sólo en el primer caso, cuando las palabras se oponen, se separan con guión corto.

F Escribe en la línea las palabras compuestas según convenga.

Ejemplo: Productos de Francia y Canadá   Productos franco-canadienses.

1. Estudios sociales e históricos.

2. Área de Física y Matemáticas.

3. Habilidades psicológicas y motrices.

4. Película de Italia y Alemania.

5. Pueblos de América Latina.

6. Área de Economía y Administracción.

7. Carrera con teoría y práctica.

LECCIÓN 52

Elaborar cuestionarios

El diálogo tiene un uso muy frecuente que tú conoces bien por la televisión o por la prensa: la entrevista. En ella, cuando un periodista platica con una persona, lo hace a base de preguntas y respuestas; esto es, de diálogo.

Lee con atención.

CARTA-PRÓLOGO DE JUAN VALERA
A RUBÉN DARÍO

Madrid, 22 de octubre de 1888.

Todo libro que desde América llega a mis manos excita mi interés y despierta mi curiosidad, pero ninguno hasta hoy la ha despertado tan viva como el de usted.

Confieso que al principio, a pesar de la amable dedicatoria con que usted me envía un ejemplar, miré el libro con indiferencia..., casi con desvío. El título: *Azul...* tuvo la culpa.

El libro *Azul...* no es en realidad un libro: es un folleto; pero tan lleno de cosas y escritos que da en qué pensar y tiene bastante qué leer.

Desde luego se conoce que el autor es muy joven: que no puede tener más de veinticinco años, pero que los ha aprovechado maravillosamente. En mi sentir hay en usted una poderosa individualidad de escritor, ya bien marcada y que, si Dios da a usted la salud que yo le deseo y larga vida, ha de desenvolverse y señalarse más con el tiempo en obras que sean gloria de las letras hispanoamericanas.

A Después de haber leído esta carta-crítica, imagina que has sido elegido para entrevistar al escritor español Juan Valera. Te vamos a sugerir la introducción y las primeras preguntas de la entrevista.

Nos encontramos en el estudio del escritor Juan Valera, que nos concedió una entrevista para nuestro periódico. Después de saludarlo, surge una pregunta obligada:

—¿Qué libro ha tenido la oportunidad de leer recientemente, señor Valera?
—Este que tengo en mis manos, *Azul...*
—¿Quién es su autor?
—Un joven escritor de América, un nicaragüense, Rubén Darío. ¿Lo conoce usted?
—Por supuesto, en mi país, México, hemos leído varias de sus obras.

Escribe diez preguntas en total. Recuerda que las respuestas deben estar relacionadas con la carta de Valera.

B Ahora vas a entrevistar a Esteban, personaje del siguiente relato. Las preguntas y las respuestas dependen del contenido del texto.

El silencio acabó con las últimas dudas: era Esteban. Las mujeres que lo habían vestido tuvieron que resignarse a dejarlo tirado por los suelos. Fue entonces cuando comprendieron cuánto debió haber sido de infeliz con aquel cuerpo descomunal, si hasta después de muerto le estorbaba. Lo vieron condenado en vida a pasar de medio lado por las puertas, a descalabrarse con los travesaños, a permanecer de pie en las visitas sin saber qué hacer con sus tiernas y rosadas manos de buey de mar, mientras la dueña de la casa buscaba la silla más resistente y le suplicaba muerta de miedo "siéntese aquí, Esteban", y él, "no se preocupe, señora", sólo para no pasar por la vergüenza de desbaratar la silla.

"El ahogado más hermoso del mundo",
Gabriel García Márquez.

¿Te imaginas tú también la vida de Esteban? Entonces hazle las preguntas necesarias para conocerlo más.

- Puedes iniciar tu entrevista de esta manera:

Desde una de las playas colombianas enviamos un saludo a los televidentes. Hoy les tenemos una entrevista diferente: una persona de estatura extraordinaria. Su nombre es Esteban.

—Esteban, ¿quieres saludar a los televidentes?
—¡Claro! Pero que la cámara no me tome de cuerpo entero.
—No, Esteban. No te preocupes. Debes saber que nosotros conocemos a varias personas semejantes a ti. Y te aceptamos como eres.
—¿De veras?

- Continúa redactando las preguntas de la entrevista. Usa tu imaginación.

Vamos a continuar elaborando cuestionarios; en esta ocasión lo haremos como un medio para comprender mejor la lectura.

Lee atentamente.

Los primeros días nos pareció penoso porque ambos habíamos dejado en la parte tomada muchas cosas que queríamos. Mis libros de literatura francesa, por ejemplo, estaban todos en la biblioteca. Irene extrañaba unas carpetas, un par de pantuflas que tanto la abrigaban en invierno. Yo sentía mi pipa de enebro y creo que Irene pensó en una botella de Hesperidina de muchos años.
   Con frecuencia (pero esto sucedió solamente los primeros días) cerrábamos algún cajón de las cómodas y nos mirábamos con tristeza.
   —No está aquí.
   Y era una cosa más de todo lo que habíamos perdido al otro lado de la casa.
   Pero también tuvimos ventajas. La limpieza se simplificó tanto que aun levantándose tardísimo, a las nueve y media, por ejemplo, no daban las once y ya estábamos de brazos cruzados.

"Casa tomada",
Julio Cortázar.

C Responde con atención.

1. ¿Cuántos personajes participan en el fragmento de "Casa tomada"?

2. ¿Qué pertenencias de Irene se quedaron en la parte tomada?

3. ¿Qué objetos extrañaba más el compañero de Irene?

4. ¿Qué ventajas trajo la casa tomada?

D Enlaza las respuestas del cuestionario anterior para reconstruir el texto.

E Elabora un cuestionario para la comprensión de la siguiente lectura. Después une las respuestas y reescribe el texto.

El abuelo ordenó que nos amarráramos pañuelos empapados en vinagre para taparnos la boca y las narices, y nos condujo a la ballena para hacer un último intento de librarnos de la peste. Luchando en contra de los pájaros que se habían vuelto insolentes, clavó todos los arpones en la cola del animal y entre todos empezamos a tirar mar adentro. Pero los arpones ya no se sostenían en aquella carne maleada y al jalarlos saltaban al aire haciendo un ruido esponjoso. Además, no era lo mismo llevar una ballena hacia la playa ayudados por las olas, que volverla al mar en contra de la marea.

Al atardecer el abuelo decidió suspender los esfuerzos y todos volvimos aprisa hacia las casas seguidos por la algarabía de los pájaros, entre nubes de moscas y sobre el crujir de las hormigas aplastadas. Fue entonces cuando mi tío le preguntó al abuelo:

—¿Y ahora qué vamos a hacer?

Y el abuelo no contestó nada hasta que aplastó bien una hormiga con el dedo gordo del pie derecho.

—Si no podemos sacar la ballena del pueblo, pues saquen al pueblo de la ballena.

Y entonces nos venimos a hacer el pueblo a esta Caleta de San Simón.

"Los trabajos de la ballena",
Eraclio Zepeda.

LECCIÓN 53

Palabras juntas o separadas

Lee atentamente.

- El nombramiento era importante, no sólo para mi carrera, **sino** para mi familia.

- Debes cumplir con lo solicitado por la dirección; **si no** lo haces, te amonestarán.

Hay palabras que representan un problema ortográfico porque suenan igual, pero su significado cambia si las escribimos juntas o separadas.

A Escribe una oración en cada línea.

adonde	
a donde	
afín	
a fin	
así mismo	
a sí mismo	
mediodía	
medio día	
porvenir	
por venir	
quehacer	
qué hacer	
sino	
si no	
tampoco	
tan poco	

LECCIÓN 53

OBSERVA:

- La abuela nos advirtió: "Del plato a la boca **a veces** se cae la sopa." No se confíen.

- Cuando escuchó aquel ruido, miró **a través** de la ventana del último piso; vio el auto negro de siempre y bajó de inmediato. Quería recibirlos.

Por otro lado, existen palabras que siempre se escriben separadas. Es necesario practicarlas con frecuencia.

B Escribe una oración con cada frase adverbial. Recuerda que se escriben separadas. Úsalas al principio.

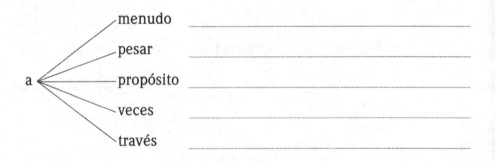

C Ahora emplea las frases anteriores en medio de la oración. No olvides que son dos palabras.

1.
2.
3.
4.
5.

290

D Localiza en la sopa de letras ocho palabras que siempre se escriben juntas. Auxíliate con su significado.

A	L	R	E	D	E	D	O	R	C	O	N	T	I	G	O
Z	R	P	R	O	V	E	R	B	I	O	O	P	G	P	D
J	Y	E	O	Y	Z	I	G	Z	A	G	S	R	T	R	A
O	R	G	V	I	W	A	L	P	R	I	O	E	O	I	S
G	K	R	S	E	X	W	V	B	M	N	H	G	N	V	R
I	P	Y	T	D	N	P	C	I	U	N	I	X	Q	A	E
M	Y	V	T	W	F	T	V	Z	R	S	E	L	M	R	V
N	R	A	P	R	I	S	A	T	N	P	V	D	E	F	E
O	L	A	G	F	P	R	K	O	Z	S	O	R	P	R	C
C	B	I	Q	R	C	W	C	C	A	V	R	M	T	E	I
P	R	X	V	M	L	Q	G	H	K	S	P	I	J	K	V
P	R	W	E	N	F	R	E	N	T	E	P	I	J	K	L

- Pronombre de 1a. persona.
- Situación o dirección para circundar personas o cosas.
- Pronombre de 3a persona.
- Que está delante de otro.
- Con celeridad o prontitud.
- Pronombre de 2a. persona.
- Al contrario.
- Serie de líneas que forman ángulos entrantes y salientes.

E Ordena alfabéticamente las palabras de la sopa de letras y acomódalas en el rectángulo.

1._____ 3._____ 5._____ 7._____

2._____ 4._____ 6._____ 8._____

F Completa las oraciones con las palabras del rectángulo.

1. Ese carrusel gira de derecha a izquierda y_____
2. El viernes me gustaría festejar_____ mi cumpleaños.
3. A esta velocidad llegaremos_____ de las siete de la noche.
4._____ de la escuela hay una papelería.
5. Agradezco que hayan estado_____ en el concurso.
6. Debemos trabajar más_____ para entregar esos pedidos.
7. Preferimos dejarlo_____ mismo para que reflexionara.
8. Caminaba en_____ después de bajar de la "Montaña Rusa".

LECCIÓN 53

Lee con mucha atención.

Todas *las* noches tiemblo *en* espera *de la* picadura mortal. Muchas veces despierto *con el* cuerpo helado, tenso, inmóvil, porque *el* sueño ha creado para **mí**, *con* precisión, *el* paso cosquilleante *de la* araña sobre **mi** piel, *su* peso indefinible, *su* consistencia *de* entraña. *Sin* embargo, siempre amanece.

Juan José Arreola,
"**La Migala**" en **Confabulario**.

Fíjate en las palabras en *cursiva*. Observa que son monosílabas, y que no se acentúan. Ahora observa las palabras en negritas. También son _____, sin embargo hay una de ellas que está acentuada. ¿Sabes por qué?

ATENCIÓN:
> El acento que se usa para distinguir palabras de idéntica escritura pero de diferente función se llama **acento diacrítico**.
> **Tu** libro (adjetivo) **Tú** sales (pron. personal)

PARES DE PALABRAS CON ACENTO DIACRÍTICO

---

1. se (pronombre personal o reflexivo).
   sé (verbos saber o ser).

2. el (artículo).
   él (pronombre personal).

3. tu (adjetivo posesivo).
   tú (pronombre personal).

PALABRAS JUNTAS O SEPARADAS

> 4. te (pronombre personal).
>   té (sustantivo).
>
> 5. mi (adjetivo posesivo).
>   mí (pronombre personal).
>
> 6. de (preposición).
>   dé (verbo dar).
>
> 7. este (adjetivo demostrativo).
>   éste (pronombre demostrativo).
>
> 8. aun (adverbio: "hasta, incluso").
>   aún (adverbio: "todavía").
>
> 9. o (conjunción).
>   ó (conjunción cuando va entre números: 4 ó 5).
>
> 10. si (conjunción condicional).
>   sí (pronombre personal y adverbio de afirmación).
>
> 11. mas (conjunción: "pero").
>   más (adverbio de cantidad o comparación).
>
> 12. solo (adjetivo).
>   sólo (adverbio: "solamente").

G Escribe oraciones en las que emplees todas las palabras que se enumeran en el cuadro. Pon mucha atención en los acentos; recuerda que cambian el significado de la palabra.

H Escribe en el paréntesis la categoría gramatical de las palabras en negritas.

1. **Si** hubieras escuchado mi consejo, no estarías en esta situación. (_____)
2. No **sé** hablar portugués. (_____)
3. Necesitamos **más** papel para la impresora. (_____)
4. Mañana **te** llamo para confirmar la cita. (_____)
5. Las cinco de la tarde se conoce como "La hora del **té**". (_____)
6. No le **dé** esa medicina a su hija. (_____)
7. Esa mesa fue hecha **de** pino. (_____)
8. No **se** fijaron en el letrero, ¿verdad? (_____)
9. Insistimos, **mas** no la convencimos de venir a México. (_____)
10. **Sí**, se parecen en varios rasgos. (_____)

I Escribe oraciones con las palabras que se dan.

(tu) _____
(el) _____
(tú) _____
(sólo) _____
(solo) _____
(té) _____
(de) _____
(ó) _____
(más) _____
(dé) _____
(o) _____
(él) _____
(te) _____

J Elige la palabra correcta, de las dos que se dan, para completar las oraciones.

1. ¿_____? No escuché bien.
   (cómo-como)
2. El _____ de tila se recomienda como tranquilizante.
   (té-te)
3. Te juro que no _____ nada más.
   (sé-se)
4. _____ no conocemos el resultado de los exámenes.
   (aún-aun)
5. No seas egoísta. Puedes quedarte _____.
   (sólo-solo)
6. El saco azul es para ti; el blanco, para _____.
   (mí-mi)
7. _____ no nos sirve, aquél sí.
   (éste-este)
8. Ni _____ dio cuenta cuando llegamos. Es tan distraído.
   (sé-se)

K Escribe sobre la línea la palabra que corresponda al sentido.

Ya _____ dije que _____ nunca lo hubiera permitido. No_____
   (té-te)   (él-el)   (sé-se)
porqué no puedes creerme. Ahora _____ queda levantar el acta.
                                (sólo-solo)
Entiendo que va a ser difícil volver a adquirir los muebles,_____
                                                            (más-mas)
debemos considerar que a ustedes no les pasó nada.
Para _____ que son los mismos asaltantes del supermercado, por
     (mí-mi)
las señas que me diste.
Anda, tómate un _____ y acuéstate. _____ hermano va a
                (té-te)   (mí-mi)
llamar _____ tarde y debe oírte tranquila.
       (más-mas)

- En una cartulina escribe las palabras que se acentúan con su categoría gramatical entre paréntesis; en otra, las palabras que no llevan acento, indicando también de qué categoría gramatical se trata.

Trabaja con tus compañeros y peguen una cartulina de cada lado del salón para que puedan consultarlas.

LECCIÓN 54

Cambiar el género literario

En el libro dos avanzaste de tal forma en tu "oficio" de escritor que te propusimos trabajar con textos de diferentes géneros literarios. Vamos a recordar ahora la forma de convertir textos de un género a otro.

A Convierte el siguiente fragmento de un texto teatral en un texto narrativo. Primero lee con mucha atención.

CUADRO PRIMERO

Es domingo. En la calle hay un árbol. Se ve el borde de la acera. Llega Arturo silbando y con las manos en los bolsillos. Consulta su reloj. Se quita la chaqueta y la cuelga de una rama del árbol. Su camisa está empapada de sudor. Se guarda el pañuelo. Saca un cigarro y lo enciende. Llega Paco con un montón de periódicos bajo el brazo.

PACO: Hola, Arturo. Perdóname si te he hecho esperar. He tenido que ir a buscar el "Deportes", y hasta ahora no lo han repartido. ¿Cómo te va?
ARTURO: Bien, ¿y a ti? (Se dan la mano).
PACO: Ya ves, trabajando.
ARTURO: ¿Tienes que venderte todo eso... esta tarde?
PACO: Es fácil. Los domingos se vende bien.
ARTURO: ¿Quieres fumar?
PACO: Te haremos el gasto. ¡Vaya encendedor!
ARTURO: Me lo trajeron barato... Unas amistades.
PACO: Hiciste bien en marcharte del barrio. Así has triunfado.
ARTURO: Al principio me costó lo mío, hasta pasé hambre.
PACO: Yo la sigo pasando. (Ríe).
ARTURO: Bueno, ¿para qué me has citado?
PACO: Pues...
ARTURO: ¿Necesitas algo? Dímelo con confianza.
PACO: Pues lo que quería decirte es que...

ARTURO: ¿Qué? (Con insistencia.)
PACO: Que al niño le ha ocurrido un accidente.
ARTURO: ¡Qué...!

Muerte en el barrio,
Alfonso Sastre.

Puedes empezar tu relato así:

El domingo pasado en la tarde, Arturo llegó a una de las principales calles de su barrio. Como siempre se quedó en la esquina silbando, despreocupado, con las manos en los bolsillos...

B En el siguiente ejercicio vamos a transformar el texto narrativo en un texto del género teatral.

Don Roberto llama al timbre de su casa; había dejado las llaves en el otro pantalón; siempre le pasaba lo mismo. Le sale a abrir la puerta su mujer.
—Hola, Roberto.
—Hola.
La mujer procura tratarlo bien; el hombre trabaja demasiado para mantener a su familia.
—Vendrás con frío; ponte las zapatillas, están calientitas.
—¿Y los niños?
—Bien, acostaditos ya; el pequeño dio un poco de guerra para dormirse; no sé si estará malito.
El matrimonio fue hacia la cocina.
—Te tengo ya la cena lista.
Don Roberto se puso muy contento al ver el guiso. Era uno de sus platillos favoritos.
—¡Qué buena eres, hija! Muchas veces lo he pensado: hay días en que, si no fuera por ti, yo no sé lo que haría.
Don Roberto besó a su mujer en la mejilla. El matrimonio cenó y después del postre, Don Roberto miró fijamente a su mujer.
—¿Qué quieres que te regale mañana?
La mujer sonrió llena de felicidad y de agradecimiento.
—¡Ay, Roberto! ¡Qué alegría!

Don Roberto, mirando para el plato, bajó un poco la voz.
—En la panadería pedí algo a cuenta.

La colmena,
Camilo José Cela.

También en esta ocasión falta el final. Agrégalo como en el ejercicio anterior. Aquí tienes una sugerencia para el principio, pero, desde luego, es mejor que crees algo propio:

A la izquierda se ve la fachada de una casa modesta. Al centro una sala pobre y muy usada. A la derecha, la cocina con una pequeña estufa de dos quemadores, una mesa de madera en el centro, pocos utensilios y trastes.

Uso de diéresis, comillas y asterisco

Lee con atención.

Sin importar cuál sea el contenido del texto, el **lingüista** trata de comprender cómo el **lenguaje** funciona como medio de expresión. Le interesan el mecanismo del lenguaje y los medios y métodos que usa el hombre para comunicarse con sus semejantes.

Bertil Malmberg,
Los nuevos caminos de la Lingüística.

Ya te habrás dado cuenta de que las palabras en negritas tienen en común las sílabas **gue** y **gui**, sólo que una de ellas lleva diéresis.

RECUERDA: La **diéresis** se usa sobre la **u** de las sílabas **gue** o **gui** para indicar que se pronuncia la **u**.

A Coloca diéresis en las palabras que deben llevarlas.

1. paraguas
2. guero
3. lánguido
4. pinguino
5. higuera
6. guitarra
7. aguita
8. linguístico
9. seguido
10. aguero
11. hoguera
12. ceguera

B Escribe una oración con las palabras que llevan número par (2, 4, 6, 8, 10, 12).

1. _____

2. _____

3. _____

4. _____

5. _____

6. _____

Lee atentamente.

"Hay que estimular la lectura como nunca y ofrecer a los niños alternativas de formación basadas en nuestros valores y raíces", declaró a Excélsior el subsecretario de Cultura, Juan José Bremer.

Eduardo Camacho Bremer
en la Feria del Libro Infantil y Juvenil,
en **"Los libros tienen la palabra"**.

Las mujeres, las "soldaderas" que, esclavas, seguían a sus "viejos" y luego avanzaban para proveerse de comestibles, referían estupendas maravillas.

Tomóchic,
Heriberto Frías.

Las comillas tienen varios usos. En el primer ejemplo se emplearon para citar las palabras textuales de una persona, y en el segundo caso, para señalar palabras con un significado especial.

USO DE DIÉRESIS, COMILLAS Y ASTERISCO

RECUERDA: Se usan comillas para resaltar alguna palabra o frase, y para citar las palabras de otra persona.

C Escribe algunas palabras textuales de las siguientes personas.
Ejemplo:
Tu maestro de Español al entregar calificaciones.
"Todos deben hacer un esfuerzo si queremos leer cada día mejor", dijo el maestro de Español.

1. El director de tu escuela en la ceremonia de cada semana.

2. El presidente de México, el 15 de septiembre.

3. Tu maestro de Física cuando trabajan en el laboratorio.

4. El capitán de tu equipo para darles ánimos.

- Recorta un texto de un periódico o una revista donde haya palabras resaltadas con comillas y subráyalas con un marcador.

OBSERVA:

A pesar de las críticas y de las envidias que tuvo que padecer, sus contemporáneos reconocieron en Sor Juana su digna rebeldía y su incomparable talento y le dieron el nombre de "Décima Musa" y "Fénix de América".

Instituto Nacional de Estudios Históricos
de la Revolución Mexicana,
Sor Juana Inés de la Cruz.

Como habrás notado, otro uso de las comillas es el que se refiere a los sobrenombres o apodos.

D Escribe los sobrenombres y los apodos entre comillas.

1. Miguel Hidalgo y Costilla _____

2. Un familiar _____

3. Benito Juárez _____

4. Miguel de Cervantes _____

5. Francisco Villa _____

6. Dos deportistas _____

FÍJATE:

Los tiempos antepretérito de indicativo, futuro y antefuturo de subjuntivo se consideran **arcaísmos***.

* Voz, frase o manera de decir anticuadas.

El Parnaso[1] de Coyoacán es una revista mensual exclusiva de la Ciudad de México.

[1] Conjunto de todos los poetas o aquellos de un tiempo determinado.

El asterisco o un número entre paréntesis después de una palabra o frase o al final de un párrafo son una llamada de atención para el lector.

RECUERDA: Una llamada de atención en un escrito puede hacerse con un **asterisco** o un **número entre paréntesis** al final de un texto.

E Coloca un asterisco después de la palabra que desconozcas. Busca su significado y escríbelo empleando otro asterisco.

Ejemplo: El Renacimiento se caracteriza por el homocentrismo*.
*El hombre es el eje central de los acontecimientos.

1. El cristal en los elevadores reduce la sensación de claustrofobia.

2. Los egipcios usaban el papiro para escribir.

3. El castillo tenía un aspecto lúgubre.

4. En algunos poemas se presenta la hipérbole.

5. Ernesto se caracterizaba por su sagacidad.

6. Salvador Dalí fue un pintor surrealista.

LECCIÓN 56

Escribir un relato

Para poder escribir nuestros propios cuentos, nada mejor que leer lo que dicen los mismos cuentistas. Por eso, ahora que ya estás preparado para iniciar tu trayectoria como joven escritor, vamos primero a leer con atención este texto del escritor colombiano Gabriel García Márquez.

Una noche, en Barcelona, se fue la luz y era sábado —no sé por qué siempre se funden los tapones en sábado—; afortunadamente en España es menos problemático porque ya conocemos un lampista.
Al fin llegó el lampista y empezó a arreglar ya muy tarde, las 10 u 11 y le dije yo "¿pero cómo es esto de la luz, por qué se dañó aquí?" y me dijo "la luz es como el agua".
La luz es cómo el agua y yo no le pregunté nada más, me quedé pensando, y en ese momento se me ocurrió el cuento completito, completito y es: los dos niños, uno de siete años y otro de seis que viven, por ejemplo, en la ciudad de México, donde no hay mar y le dicen a su papá: "queremos que nos regales un bote de remos" y dice el papá "bueno, les regalamos un bote de remos, pero para cuando vayamos a Acapulco, o vayamos a...". "No. Queremos un bote de remos aquí en Insurgentes 415, piso 15". "Están locos. En primera, no cabe y además, ¿para qué lo compramos...?" Hay discusiones; los niños insisten y dice el papá: "Si sacan el primer puesto en el colegio les regalo el bote de remos." Y los niños que siempre han sido los últimos, sacan el primer puesto y entonces les dice el papá: "Muy bien, aquí está el bote de remos. ¿Y ahora qué?" Y dicen los niños: "No, nada. Lo que queríamos era tenerlo y ya." Un día se van el papá y la mamá al cine y entonces los niños cierran las ventanas, rompen un foco y empieza a chorrear la luz. Y llena el departamento de luz hasta un metro. "La luz es como el agua." Entonces tapan el foco y sacan el bote para remar en la luz por los dormitorios, por la cocina, por los baños. Cuando ya van a regresar los papás, los niños echan la luz por la bañera y aquí no ha pasado nada. Así lo hacen cada vez que los papás se van. Entonces ya la luz alcanza más de un metro, hasta que unos meses después va pasando la gente por Insur-

gentes y ve que del piso 15 está chorreando luz. La gente llama a los bomberos porque los automóviles ya no pueden andar en medio de tanta luz. Cuando llegan los bomberos, suben al piso 15, y se encuentran con que los niños se estaban divirtiendo tanto, que olvidaron tapar el foco.

La luz llegó hasta el techo y los niños se ahogaron. Están flotando en la luz. Porque un lampista me dijo "La luz es como el agua" y yo le dije "no me cuente nada más" y en ese momento surgió todo tal y como lo conté.

"¿Cómo nace un cuento?",
Gabriel García Márquez.

¿Te das cuenta de que se puede escribir sobre cualquier asunto? A continuación te sugerimos algunas ideas para que desarrolles tú un cuento propio. Desde luego, no tienes que tomar la sugerencia; puedes escribir sobre cualquier idea original tuya.

> Un día te quedaste en la calle hasta que llegaran tus hermanos porque olvidaste las llaves de tu casa. ¿Qué pensaste en esos momentos? ¿Te desesperaste? ¿Quisiste tener alas? ¿Ser invisible? ¿Tener una fuerza extraordinaria? Todo con tal de poder entrar.

A Escribe lo que se te haya ocurrido. Sólo recuerda lo que has practicado: ordena las ideas, organiza los momentos del relato, no repitas palabras y escribe con claridad.

Puntuación y acentuación (repaso)

Vamos a continuar nuestro repaso sobre el empleo de los signos de puntuación y sobre el uso de los acentos.

A Agrega los acentos y signos de puntuación que se omitieron en el texto siguiente.

> 19 comas
> 33 acentos
> 2 signos de admiración
> 2 comillas
> 1 signos de interrogación
> 2 dos puntos

De las dieciocho mujeres ya nomas quede yo y otra que iba para Chilpancingo. Nos venimos a pie por la calzada de Tacuba desde la vieja estacion de Buenavista. Ella agarro su camino y se fue para otro lado y yo alli en la Alameda no supe a donde caminar. El frio me macheteo las manos. Me habia quedado sin centavos sin ropa y sin nada encuerada viva. Que me iba a fijar en la ciudad Que me importaba si ya me desengañe que era pura ciudad de bandidos Esa costumbre de robar la agarraron en la revolucion porque antes el perro asesino de Porfirio Diaz no admitia robadero. Al que robaba lo mataban al que mataba lo mataban al que destrozaba una muchacha lo mataban al desertor lo mataban. Asi es de que todo era puro matar. El no andaba con que Dame tantos miles de pesos y vete a hacer otra andale No. Habia un poco de mas temor. Se pensaba Si cometo una falta me matan y mejor no. Me acuclille pegadita a la pared. Se oscurecio y alli me prendieron los gendarmes y me preguntaron que para donde iba. Yo nomas les decia que a la Parcialidad numero 15. En cada esquina habia un gendarme con linterna. Ahora las calles estan solas ya no hay resguardo pero antes si habia y me llevaron cortando calles. Me remitieron cuadra por cuadra me pasaron el uno con el otro el uno con el otro el uno con el otro hasta que llegue a la calle de la Parcialidad numero 15. De esas calles ahora no quedan sino rumores.

Elena Poniatowska,
Hasta no verte Jesús mío.

PUNTUACIÓN Y ACENTUACIÓN (REPASO)

RECUERDA: El uso de la coma puede ser vacilante.

B Agrega los signos de puntuación que se indica.

16 comas
4 puntos suspensivos
3 punto y coma
1 dos puntos
1 comillas

Durante esas tardes Andrés se sentía incluido en los discursos que Irene hacía sobre autosuficiencia independencia ascenso en la vida por esfuerzo individual y admiraba su capacidad de planear tan crudamente la vida casi con la limpieza de un libro de contabilidad Este año termino de pagar el coche y para el otro podré juntar el enganche de un condominio   En cuanto apruebe el curso de contabilidad que llevo por correspondencia y el de inglés que siempre es indispensable no más de tres años para todo nada podrá detenerme Ahora incluso disfruto de una mejor posición que muchas de mis compañeras de colegio más afortunadas que yo en sus matrimonios durante algún tiempo las pobres ya se han afeado atontado   y si de repente enviudan o las botan ya las veo dando la vida por cualquier sueldicho porque no están preparadas para nada   En cambio yo dentro de unos años podré hacer lo que se me antoje es más ya hago y vivo naturalmente cosas que para ellas serían un lujo todo un privilegio.

José Joaquín Blanco,
La vida es larga y además no importa.

LECCIÓN 57

> 2 dos puntos
> 1 coma
> 1 puntos suspensivos
> 1 punto

Compensación

Tres clases de personas no verán nunca el Infierno los que han padecido las aflicciones de la pobreza dolencias intestinales y la tiranía del gobierno romano Algunos añaden y el que tiene una mala esposa

Eruvín: El Talmud,
en **El libro de la imaginación.**

Soneto

> 2 comas

Del verdecido júbilo del cielo
luces recobras que la luna pierde
porque la luz de sí misma recuerde
relámpagos y otoños en tu pelo.

> 2 comas

Dulce viento desnuda tu desvelo
desata de tus hombros lluvia verde
con luces tiernas tus espaldas muerde
y suspende en tu nuca rizo y vuelo.

> 1 coma

Nacen del tacto estremecidas voces
en orillas de luz un lirio ardiente
y de tu herida piel crecidos goces.

> 3 comas

De sangre mármol y convulsiva espuma
bajo el verde cielo adolescente
tu carne da su enamorada suma.

Octavio Paz,
Antología literaria de autores mexicanos.

4 guión largo
2 signos de admiración
1 signos de interrogación
1 puntos suspensivos
1 punto y coma
1 dos puntos
1 coma
2 puntos

Imaginativo

Veinte minutos de inhalación dos veces al día. Mortal
    En qué piensa usted mientras está bajo el chorro de vapor
    En toda clase de cosas en la muerte en mi hermano Josep
    Creí que usted no tenía hermano
    Oh Eso no impide que piense en él

André Gide,
en **El libro de la imaginación.**

LECCIÓN 58
Escribir un cuento

Otro escritor que también conoce su oficio es el uruguayo Horacio Quiroga. Él, además de varios cuentos, elaboró un Manual del Perfecto Cuentista. Es un documento que consta de varios puntos, algunos de ellos son:

- Sé original. Desarrolla tu propio estilo.

- Escribe con un plan trazado. En un texto bien logrado las tres primeras líneas tienen casi la misma importancia que las tres últimas.

- Sé claro y directo. No emplees más palabras que las necesarias.

Lee con atención.

Quiero cerrar los ojos, y no lo consigo ya. Veo ahora un cuartito de hospital, donde cuatro médicos amigos se empeñan en convencerme de que no voy a morir. Yo los observo en silencio, y ellos se echan a reír, pues siguen mi pensamiento.
—Entonces —dice uno de aquéllos— no le queda más prueba de convicción que la jaulita de moscas. Yo tengo una.
—¿Moscas...?
—Sí —responde—; moscas verdes de rastreo. Usted no ignora que las moscas verdes olfatean la descomposición de la carne mucho antes de producirse la defunción del sujeto. Vivo aún el paciente, ellas acuden seguras de su presa. Por eso yo tengo unas de olfato afinadísimo que alquilo a precio módico. Puedo colocarlas en el corredor cuando usted quede solo, y abrir la puerta de la jaulita. A usted no le queda más tarea que atisbar el ojo de la cerradura. Si una mosca entra y la oye usted zumbar, esté seguro de que las otras hallarán también el camino hasta usted. Las alquilo a precio módico.
¿Hospital...? Súbitamente el cuartito blanqueado, el botiquín, los médicos y su risa se desvanecen en un zumbido... Son ellas las que

zumban. Desde que he caído han acudido sin demora y revolotean sin prisa.

El médico tenía razón. No puede ser su oficio más lucrativo.

No me siento ya un punto fijo en la tierra, arraigado a ella por gravísima tortura. Siento que fluye de mí como la vida misma, la ligereza del vaho, la luz del sol, la fecundidad de la hora, puedo ir aquí, allá, a este árbol, a aquella liana. Puedo alzarme y volar, volar...

Y vuelo, y me poso con mis compañeras sobre el tronco caído, a los rayos del sol que prestan su fuego a nuestra obra de renovación vital.

"Las moscas",
Horacio Quiroga.

A Copia el cuento en tu cuaderno y marca con colores diferentes los puntos del Manual del Perfecto Cuentista que enlistamos arriba.

B En seguida escribe tu cuento basándote en los puntos expuestos por Horacio Quiroga. Al final, trabaja tu cuento como en el ejercicio A par ver si seguiste los lineamientos.

LECCIÓN 59

Palabras parónimas

OBSERVA:

entremeter / entrometer   transición / transacción
perseguir / proseguir   infectar / infestar

Como puedes darte cuenta estos pares de palabras guardan cierta semejanza en algunas de sus letras. Er ocasiones pueden confundirse, por lo tanto, es necesario ponerles atención para no cometer errores al leer o al escribir.

RECUERDA: Los **parónimos** son palabras que, por su semejanza, suelen confundirse.

A Une los parónimos con una línea. Fíjate en el ejemplo.

casual   prejuicio
disecar   textura
acceso   proveer
actitud   aptitud
azar   desecar
prever   abeja
estrato   invectiva
tesitura   absceso
inventiva   extracto
oveja   azahar
perjuicio   causal

312

PALABRAS PARÓNIMAS

B Completa las palabras para crear parónimos. Consulta el diccionario.

Ejemplo: tesitura
textura.

1. inminente
_____nente

2. transición
tran_____ción

3. vértice
_____tive

4. aprender
a_____der

5. afición
a_____ción

6. perjuicio
_____juicio

7. intersección
inter_____

8. entrometer
en_____ter

9. sucesión
se_____ión

10. arriar
a_____ar

11. causalidad
ca_____idad

12. devastar
de_____ar

C Forma cadenas con los parónimos del ejercicio anterior.

afección

aprender

arrear

desbastar

casualidad

secesión

LECCIÓN 59

D Encuentra cinco palabras en cada sopa de letras. Después enlístalas por pares y escribe su significado en la línea de la derecha.

Ñ	Q	S	A	L	O	B	R	E	I	N
Z	R	P	R	O	V	E	R	B	I	Q
A	Y	E	O	Y	O	X	H	Q	K	E
C	R	G	V	X	T	A	L	P	R	S
T	K	R	S	E	A	W	V	B	M	C
I	P	Y	T	D	R	P	C	I	U	E
T	Y	V	T	W	T	T	V	Z	R	P
U	R	O	V	I	S	D	I	T	B	T
D	L	A	G	F	E	R	E	V	I	I
S	B	I	Q	R	C	W	S	C	A	C
R	R	I	N	F	E	C	T	A	R	O

E	Q	I	N	F	E	S	T	A	R	N
Z	R	P	R	Y	V	N	R	B	I	Q
D	Y	E	O	Y	O	E	H	Q	K	A
U	R	G	V	X	T	X	L	P	R	S
T	K	R	S	E	A	T	V	B	M	E
I	P	Y	T	D	R	R	C	I	U	P
T	Y	V	T	W	T	A	V	Z	R	T
P	R	O	V	I	S	C	I	T	B	I
A	L	A	G	F	L	T	E	V	I	C
S	B	I	Q	R	C	O	S	C	A	O
R	S	A	L	U	B	R	E	A	R	N

Parónimos   Significados

1. _____   _____
2. _____   _____

1. _____   _____
2. _____   _____

1. _____   _____
2. _____   _____

1. _____   _____
2. _____   _____

1. _____   _____
2. _____   _____

PALABRAS PARÓNIMAS

E Completa las oraciones con la forma que convenga de las palabras del ejercicio E.

1. Esa herida se puede _____ porque no se atendió.

2. Un consultorio debe permanecer _____ .

3. El _____ de vainilla se usa en repostería.

4. Nos molestó su _____ prepotente.

5. El agua del mar no puede beberse porque es _____ .

6. El agua en ese lugar no es potable, en otras palabras, no es _____ .

7. Todas las sociedades están divididas en varios _____ .

8. Alicia siempre tuvo _____ para la danza.

9. El lugar está _____ de larvas.

10. Santo Tomás se caracterizó por ser _____ .

- Busca más palabras parónimas en el diccionario y aprende su significado.

LECCIÓN 60

Escribir otro cuento

Aquí te vamos a dar otros puntos del Manual de Horacio Quiroga que consideramos importantes para terminar ya tu entrenamiento como escritor.

- Emplea los sustantivos más precisos que encuentres. Enriquécelos con los adjetivos más adecuados.

- Delinea a tus personajes de principio a fin para que el interés no decaiga y el lector no se canse.

- Involúcrate en tu obra al diseñarla y desarróllala como si fueras un personaje más.

Lee con cuidado el siguiente texto.

Cierta vez las víboras dieron un gran baile. Invitaron a las ranas y a los sapos, a los flamencos, y a los yacarés y los pescados. Los pescados, como no caminan, no pudieron bailar; pero siendo el baile a la orilla del río, los pescados estaban asomados a la arena, y aplaudían con la cola.

Las ranas se habían perfumado todo el cuerpo, y caminaban en dos pies. Además, cada una llevaba colgando como un farolito, una luciérnaga que se balanceaba.

Pero las que estaban hermosísimas eran las víboras. Todas, sin excepción, estaban vestidas con traje de bailarina. Sólo los flamencos estaban tristes, porque como tienen muy poca inteligencia, no habían sabido cómo adornarse.

Un flamenco dijo entonces:

—Yo sé lo que vamos a hacer. Vamos a ponernos medias coloradas, blancas y negras, y las víboras de coral se van a enamorar de nosotros.

Y levantando todos juntos el vuelo, cruzaron el río y fueron a golpear en un almacén del pueblo.

Los flamencos recorrieron así todos los almacenes, y de todas partes los echaban por locos.

Entonces un tatú que había ido a tomar agua al río, se quiso burlar de los flamencos y les dijo, haciéndoles un gran saludo:

—¡Buenas noches, señores flamencos! Yo sé lo que ustedes buscan. Mi cuñada, la lechuza, tiene medias así.

Los flamencos le dieron las gracias, y se fueron volando a la cueva de la lechuza. Y le dijeron:

—¡Buenas noches, lechuza! Venimos a pedirte las medias coloradas, blancas y negras.

—¡Con mucho gusto!— respondió la lechuza—. Aquí están las medias. No se preocupen de nada, sino de una sola cosa: bailen toda la noche, bailen sin parar un momento, bailen de costado, de pico, de cabeza, como ustedes quieran; pero no paren un momento, porque en vez de bailar van entonces a llorar.

Pero los flamencos, como son tan tontos, no comprendían bien qué gran peligro había para ellos en eso, y locos de alegría se pusieron los cueros de las víboras de coral como medias.

Los flamencos llegaron a la fiesta y bailaron sin cesar, aunque estaban cansadísimos y ya no podían más.

Un minuto después un flamenco tropezó y cayó. En seguida las víboras de coral vieron qué eran aquellas medias, y lanzaron un silbido que se oyó desde la otra orilla del Paraná.

Los flamencos, llenos de miedo, quisieron volar; pero estaban tan cansados que no pudieron levantar una sola ala. Entonces las víboras de coral se lanzaron sobre ellos, y enroscándose en sus patas les deshicieron a mordiscones las medias.

Los flamencos, locos de dolor, saltaban de un lado para otro, sin que las víboras de coral se desenroscaran de sus patas.

Ésta es la historia de los flamencos, que antes tenían las patas blancas y ahora las tienen coloradas. Todos los pescados saben por qué es, y se burlan de ellos. Pero los flamencos, mientras se curan en el agua, no pierden ocasión de vengarse, comiéndose a cuanto pescadito se acerca demasiado a burlarse de ellos.

"Las medias de los flamencos",
Horacio Quiroga

A Escribe tu propio cuento, basándote en los puntos señalados por Horacio Quiroga.

A continuación te sugerimos algunos posibles temas. Pero, desde luego, es mejor que hagas trabajar mucho tu imaginación y escribas sobre un asunto que de ella surja.

- ¿Por qué los ratones tienen los ojos saltones?
- ¿Por qué la luna se ve sólo de noche?
- ¿Por qué las jirafas tienen un cuello tan largo?
- ¿Por qué hablan los pericos?
- ¿Por qué se hacen bolita las cochinillas?

LA EDICIÓN, COMPOSICIÓN, DISEÑO E IMPRESIÓN DE ESTA OBRA FUERON REALIZADOS
BAJO LA SUPERVISIÓN DE GRUPO NORIEGA EDITORES.
BALDERAS 95, COL. CENTRO. MÉXICO, D.F. C.P. 06040
6238745000106529DP9239IE